U0721004

交通
百科

邮 政

交通百科编委会　编著

中国大百科全书出版社

图书在版编目（CIP）数据

邮政 / 交通百科编委会编著 . -- 北京 ：中国大百
科全书出版社，2025. 1. --（交通运输）. -- ISBN 978-
7-5202-1703-3

Ⅰ. F618-49

中国国家版本馆 CIP 数据核字第 2025H7W507 号

总 策 划：刘　杭　　郭继艳
策划编辑：马　蕴
责任编辑：马　蕴
责任校对：闵　娇
责任印制：王亚青
出版发行：中国大百科全书出版社有限公司
地　　址：北京市西城区阜成门北大街 17 号
邮政编码：100037
电　　话：010-88390811
网　　址：http://www.ecph.com.cn
印　　刷：唐山富达印务有限公司
开　　本：710mm×1000mm　1/16
印　　张：10
字　　数：100 千字
版　　次：2025 年 1 月第 1 版
印　　次：2025 年 1 月第 1 次印刷
书　　号：ISBN 978-7-5202-1703-3
定　　价：48.00 元

—— 总　序

　　这是一套面向大众、根植于《中国大百科全书》第三版（以下简称百科三版）的百科通俗读物。

　　百科全书是概要记述人类一切门类知识或某一门类知识的完备的工具书。它的主要作用是供人们随时查检需要的知识和事实资料，还具有扩大读者知识视野和帮助人们系统求知的教育作用，常被誉为"没有围墙的大学"。简而言之，它是回答问题的书，是扩展知识的书。

　　中国大百科全书出版社从1978年起，陆续编纂出版了《中国大百科全书》第一版、第二版和第三版。这是我国科学文化建设的一项重要基础性、标志性、创新性工程，是在百年未有之大变局和中华民族伟大复兴全局的大背景下，提升我国文化软实力、提高中华文化国际影响力的一项重要举措，具有重大的现实意义和深远的历史意义。

　　百科三版的编纂工作经国务院立项，得到国家各有关部门、全国科学文化研究机构、学术团体、高等院校的大力支持，专家、学者5万余人参与编纂，代表了各学科最高的专业水平。专家、作者和编辑人员殚精竭虑，按照习近平总书记的要求，努力将百科三版建设成有中国特色、有国际影响力的权威知识宝库。截至2023年底，百科三版通过网站（www.zgbk.com）发布了50余万个网络版条目，并陆续出版了一批纸质版学科卷百科全书，将中国的百科全书事业推向了一个新的高度。

　　重文修武，耕读传家，是我们中国人悠久的文化传承。作为出版人，我们以传播科学文化知识为己任，希望通过出版更多优秀的出版物来落实总书记的要求——推动文化繁荣、建设中华民族现代文明，努力建设中国式现代化强国。

为了更好地向大众普及科学文化知识，我们从《中国大百科全书》第三版中选取一些条目，通过"人居环境""科学通识""地球知识""工艺美术""动物百科""植物百科""渔猎文明""交通百科"等主题结集成册，精心策划了这套大众版图书。其中每一个主题包含不同数量的分册，不仅保持条目的科学性、知识性、准确性、严谨性，而且具备趣味性、可读性，语言风格和内容深度上更适合非专业读者，希望读者在领略丰富多彩的各领域知识之时，也能了解到书中展示的科学的知识体系。

衷心希望广大读者喜爱这套丛书，并敬请对书中不足之处给予批评指正！

《中国大百科全书》编辑部

"交通百科"丛书序

　　交通运输是人类社会的基本需求，是国民经济中基础性、先导性、战略性产业，是重要的服务性行业。铁路、公路、港口、航道、站场、邮政、民航、管道等公共设施以及各种交通运输载运工具，为人的流动和商品流通提供基本条件，是社会有效运转的基础。交通运输衔接生产和消费两端，保证了人类在政治、经济、文化、社会、军事等方面的交往和联系，在优化国家产业布局、促进经济结构调整、服务社会、改善民生、维护国防安全等方面，起到了重要的支撑和引领作用。

　　自中华人民共和国成立，中国交通运输经历了从"瓶颈制约"到"初步缓解"、从"基本适应"到"总体适应"的发展历程，快速缩小与世界一流水平的差距，在多个领域实现超越。中国已经建成全球最大的高速铁路网、高速公路网、世界级港口群，航空和海运通达全球。中国高铁、中国路、中国桥、中国港、中国快递成为靓丽的中国名片。规模巨大、内畅外联的综合交通运输体系有力服务和支撑着中国作为世界第二大经济体和世界第一大货物贸易国的运转。交通运输缩短了时空距离，加速了物资流通和人员流动，深刻改变了中国城乡面貌，有力促进了城乡一体化进程，不仅有力保障了国内国际循环畅通，也为世界经济发展做出了重要贡献。

　　为便于广大读者全面地了解各类交通运输知识，编委会依托《中国大百科全书》第三版交通运输工程学科各分支领域内容，精心策划了"交通百科"丛书。根据主要交通运输方式，编为《航空运输概览》《铁路、桥隧、机车》《公路运输总汇》《水路运输》《邮政》《中外著名港口》《管道运输和综合运输》《智能交通改变生活》等分册，图文并茂地介绍了各类交通运输方式的发展历史、现状和趋势。

希望通过《中国大百科全书》第三版大众版"交通百科"丛书的出版，帮助读者朋友广泛地了解更安全、更便捷、更高效、更绿色、更智能的交通运输系统。传播科学知识，弘扬科学精神，助力交通强国建设，带来更美好的生活！

交通百科丛书编委会

目　录

第 1 章　集邮　1

邮票 7

邮资凭证 14

　普通邮票 15

　特种邮票 19

　纪念邮票 21

　附捐邮票 25

　个性化服务邮票 27

　大龙邮票 29

　猴票 30

　黑便士 31

　仿印邮票 32

　志号 34

集邮品 35

　邮册 38

　邮折 39

　邮币卡 41

　实寄封 43

　首日封 46

　小型张 48

　小全张 49

　小本票 50

　大版张 51

　极限明信片 52

　集邮纪念戳 53

　风景日戳 55

邮展 56

第2章 邮政用品用具 61

信封 63

邮戳 65

邮资机 66

邮政专用标志 68

　邮徽 69

　邮旗 71

第3章 邮政快递技术装备 73

邮政牵引车 73

邮政汽车 75

邮船 78

信函分拣机 81

扁平件分拣机 84

包件分拣机 86

　交叉带分拣机 88

托盘分拣机 91

胶带传输机 93

无人搬运车 96

快递专用电动三轮车 101

电子运单 102

快递巴枪 103

智能快件箱 105

第4章 寄递网络 111

邮政实物传递网 111

邮政设施 115

　邮局 119

　邮筒 128

邮政报刊亭 130

信报箱 131

村邮站 133

邮区中心局 134

邮政编码 137

邮路 139

投递道段 142

国际邮件互换局／交换站 144

设关局 146

邮件处理场所 147

第1章

集邮

集邮是围绕邮票、邮品以集藏、交流、鉴赏、研究、买卖等方式进行的文化或经济活动。

"集邮"（philately）一词最早于 1865 年出现在法文中，即"philatelie"，意思是爱好邮票，由法国人 M.G. 海尔宾根据希腊文"philos"（爱好）和"atelein"（免资凭证）组合而成。英语国家在此以前使用的词组为"stamp collecting"（邮票收集），与已被集邮界普遍认同的"philately"一词并用。

◆ 简史

集邮活动是随着邮票的诞生而出现的。集邮起初只是为了收集、整理和研究邮票，随着邮政通信业务的发展、邮件处理的自动化和集邮研究的深入，集邮者收集范围逐渐从邮票扩大到经邮政渠道实寄的信封、明信片、邮简、包封纸、邮资机盖戳、邮资签条、加盖的邮政戳记，以及与邮寄、邮票、邮资、邮路有关的公告、通知等邮政史料，伴随集邮活动所产生的集邮用品和各种集邮文献资料。

1840 年 5 月 1 日，世界上第一枚邮票在英国发行的当天，被不列颠博物馆的 J. 格雷博士专程到邮局买了留作纪念。他后来编写了英国早期的邮票目录，倡导集邮活动。J. 格雷被称为世界上第一个集邮者。1841年10月29日，英国伦敦一位妇女在《泰晤士报》上刊登广告，征集用过的邮票，以裱糊她的梳妆室，随后英国出现了"邮票热"。到19世纪50年代，已有20多个国家发行邮票，邮票种数增多，集邮盛行起来。1852年，比利时地理学家P.万德马兰（Philippe Vandermaelen）在布鲁塞尔美术工艺品展览会上，展出了他收集的88枚邮票，被认为是世界上最早的集邮展览。当时一些学校教师鼓励学生收集各国邮票贴在地图上，以提高学习地理的兴趣。19世纪60年代，英国、法国、德国、比利时和美国都出现了一些活跃的集邮家。早期最著名的集邮家是居住在巴黎的费拉里。他收集到当时世界各国已发行邮票种数的70%，包括多种珍贵邮票。1861年，法国出版了第一本邮票目录《邮票》，载有邮票约500种。1862年10月，第一种集邮杂志《新知月刊》在英国出版。同年12月，另一种集邮杂志《广告月刊》在英国出版，1863年改名为《集邮家评论》。1865年，法国成立了世界上最早的集邮组织。1869年4月10日成立的伦敦集邮学会（后改称英国皇家集邮学会）是世界上第一个集邮组织。1890年，比利时皇家集邮俱乐部联合会成立，这是世界上第一个全国性的集邮组织。由于集邮活动的发展，邮票在集邮活动中成了商品。1856年，英国吉本斯开设了专门经营邮票的商店。1862年，法国开始出售第一本贴有邮票的集邮

国际集邮联合会会徽

册。随着集邮活动的扩大，1878 年，在法国巴黎举行了第一次国际集邮会议，有 20 个国家的集邮者代表参加。会后出版了《国际集邮会议录》，这是世界上最早的国际集邮文献。同年，在比利时安特卫普举办了世界上最早的国际邮展。1926 年 6 月 18 日，经德国、奥地利、比利时、法国、荷兰、瑞士、捷克斯洛伐克 7 国发起，国际集邮联合会（FIP）在法国巴黎成立，FIP 会徽如图所示。

此后，美洲、欧洲、亚洲相继成立了洲际集邮联合会，还出现了按集邮类别组织起来的专题集邮协会。国际集邮组织的成立推动了各国间的集邮交流和合作，集邮成为世界性的文化活动。第二次世界大战后，集邮活动在全世界范围迅速发展，专题集邮兴起。

中国的集邮活动发端于 19 世纪末叶。1878 年，随着大龙邮票的发行以及集邮活动在世界范围的开展，中国开始出现了集邮爱好者。1880 年，上海清心书馆出版的《花图新报》上发表了短文《各国信馆之印图》，介绍了集邮对儿童启蒙的意义。1918 年 2 月，中国最早的中文集邮杂志《邮志界》发刊。1922 年，中国第一个集邮组织——上海神州邮票研究会成立，次年出版了一期会刊，这是中国第一个有影响的集邮组织，1924 年改组为上海邮界联欢会，1925 年改名为中华邮票会，并出版会刊《邮乘》。1925 年，新光邮票会在杭州成立，1926 年起先后出版会刊《邮票新声》和《新光》。1934 年，甲戌邮票会在郑州成立，出版《甲戌邮刊》。这些集邮组织的出现及其出版的邮刊，推动了中国早期集邮活动的开展。

1949 年中华人民共和国成立后，群众性的集邮活动有了进一步发展。1955 年，《集邮》杂志创刊。20 世纪 80 年代初，集邮活动在全国各地的工矿企业、学校、机关、团体、部队乃至农村广泛开展起来，并相继成立了各省、自治区、直辖市的集邮协会。1982 年 1 月 30 日，中华全国集邮联合会成立，中国大陆 31 个省、自治区、直辖市集邮协会和 8 个全国行业性集邮协会也相继成立。

◆ **集邮组织**

人们为开展集邮活动而组建起来的非营利性社会团体。主要包括：①世界性组织。由各国和地区的集邮组织联合组成的全球性集邮组织，如国际集邮联合会。其办事机构设在瑞士苏黎世，有正式会员（团体会员）、准会员和荣誉会员，下设若干委员会。②洲级组织。洲内各国或地区的集邮组织联合组成的洲级集邮组织。③全国性组织。各个国家内各集邮组织联合组成的全国性集邮组织。④地方组织。国家行政区划范围内的集邮组织。⑤行业组织。同一行业系统中的集邮者组成的集邮组织。⑥基层组织。企业、社区、机关、院校等成立的集邮组织及青少年、老年、残疾人等集邮组织。

◆ **集邮方式**

主要包括两大类：①传统集邮。按某个国家邮票发行时间顺序进行收集，也包括对某一时期、某一地区或某一类（种）邮票的收集和研究。②专题集邮。主要以邮票的图案或发行目的或主题为选择和分类的标准，进行收集和研究。随着集邮活动的发展，还形成了如趣味集邮、文献集邮等一些集邮方式。

◆ **集邮展览**

简称邮展。一般分为以竞赛为主的邮展和以展示、陈列为主的邮展。竞赛性邮展按参展范围又分为世界邮展、国际邮展、全国邮展和地方邮展，按内容可分为综合性邮展和专项邮展等。世界邮展是 FIP 会员均可选送展品展出的邮展。国际邮展是洲级或地区级会员国组织参加的邮展。国际集邮联合会制定了国际邮展总规则、评审总规则、各项评审规则，以及对国际邮展给予赞助、誉助、持助的有关规定等，以规范国际性集邮展览活动。中华全国集邮联合会主办或赞助的全国性邮展通常每两年举办一次。地方邮展是由某一地方（省、市、县）或若干个地方联合举办的邮展。此外还有基层单位举办的邮展和以个人身份或名义举办的邮展。邮展形式还包括联合邮展和巡回邮展等。参展的竞赛性展品类别为：传统集邮类、邮政历史类、邮政用品类、航空集邮类、航天集邮类、专题集邮类、极限集邮类、文献集邮类、青少年集邮类、税票类、现代集邮类、开放或试验类等。在 FIP 邮展中，竞赛性展品经评审，所获奖励等级为：大金奖、金奖、大镀金奖、镀金奖、大银奖、银奖、镀银奖、铜奖及证书，分别颁发不同质地的奖章及获奖证书。2011 年 11 月 11 日，第 27 届亚洲国际集邮展览在江苏省无锡市开幕。

◆ **集邮研究**

集邮研究即集邮学术研究。可分为两类：①集邮对象研究。主要包括对邮品版式、图案、发行与使用的研究。版式研究的主要对象是普通邮票和普通邮政用品，主要研究内容包括印刷方法、版式刷色、齿孔、纸张、水印、背胶、版铭、印样、变异等；邮品图案的研究着重于对邮品图案的内涵、历史背景、相关人物、事件、风土人情、现实意义等的传统和专题研究；邮品发行与使用的研究主要包括对邮品发行背景、使用时间、渠道、印量和范围、邮资、邮戳、邮路等方面的研究，以及邮政史、邮票史、邮戳史的研究。②集邮活动研究。主要研究集邮活动的类型、发展史和集邮理论等，包括集邮的目的与意义、集邮的范围和方法、集邮道德与集邮审美、集邮心理与集邮法规、集邮史与邮票市场等方面的研究。这类研究对集邮活动的开展，以及充分发挥集邮的社会文化功能具有重要意义。各级集邮组织举办的集邮学术研讨会是推动集邮学术研究活动的重要形式。集邮学术论文集和集邮学术专著是集邮研究成果的集中体现。

◆ **集邮宣传**

宣传内容包括方针政策、活动、知识、理论、成果、典型、组织建设、社会作用等方面。集邮宣传的形式包括书籍、报刊、广播、电视、实物、会议、广告、招贴、文艺、音像制品等。中华全国集邮联合会成立以来，各级集邮组织创办的集邮报刊种类繁多，其中，《集邮》杂志、《中国集邮报》是中华全国集邮联合会的会刊会报。集邮图书大量出版发行，有各种邮票目录、集邮词典、集邮知识、学术专著等。集邮音像制品、集邮纪录片（如《中国珍邮》）和集邮网站也扩大了对集邮的宣传。

中国的群众性集邮活动形式还包括：集邮知识讲座、集邮日（周）活动、集邮先进评比、集邮知识竞赛、集邮演讲比赛、集邮摄影比赛、建设集邮者之家、集邮沙龙、集邮联谊、集邮旅游、集邮夏令营、邮品鉴赏、邮品评选、集邮培训等。

邮　票

邮票是由国家（地区）邮政主管部门发行的，用于邮件纳费标志的邮资凭证（有价票证）。

邮票的基本功能是邮资凭证，此外还派生出如宣传和传播知识、集邮收藏等其他功能。万国邮政联盟（UPU）和世界集邮发展协会（WADP）所出版的《集邮发展指南》列举了邮票的17种功能，包括：充当发行国的"功能使节"，申明主权功能，品牌形象功能，广告媒体功能，纪念品功能等。

◆ 简史

17世纪，英国即已开办国家专营的邮政机构。在以后的相当长一段时间里，邮费不是由寄件人支付而是由收件人支付。邮费是按信件寄递的重量多少与邮程的远近叠加计算，相当昂贵，一般人难以承受。而英国议会的议员却享受免付邮费的特权。这种高邮费政策使英国邮政的收入不但没有增加，反而减少了。1837年1月，英国教师罗兰·希尔出版了《邮局改革——其重要性与现实性》一书，提出了一系列邮政改革的建议，主要是取消议员们免费寄递邮件的特权；大幅度降低邮资，改革邮件纳费方式，实行邮资预付等。他提出在大不列颠和北爱尔兰范围内，信函每半盎司（重量）一律收取1便士邮资，并且必须预付（即后来的均一邮资制）；主张由各邮局出售一种表示邮资已付的信封，供寄件人使用；为了方便邮政用户，由邮局另外出售一种表示邮资已付的

"印花"纸片,即现在的邮票。英国下院于1839年8月采纳了罗兰·希尔的建议,通过了《1便士邮资法》。1840年1月,英国维多利亚女王批准并公布了这一法案,并聘任罗兰·希尔为财政部职员,参与世界上第一枚邮票的设计、印制和发行工作。1840年5月,英国发行世界上第一枚邮票——《黑便士》邮票,均一邮资制也同时诞生,这不仅给邮政服务带来了极大的方便,也给邮政用户减轻了负担,促进了邮政事业的发展。英国邮政的改革措施以及第一枚邮票的诞生,堪称世界邮政发展史上划时代的里程碑。此后20年间,有90多个国家和地区发行邮票。21世纪初,全世界发行邮票的国家和地区达250多个。

中国的第一套邮票《大龙邮票》(图1)是清政府海关试办邮政期间于1878年7月(清光绪四年六月)发行的,在1885年和1894年还分别发行了《小龙邮票》及慈禧寿辰纪念邮票《万寿邮票》。1896年3月20日,光绪皇帝正式批准开办大清邮政。1897年,大清邮政又发行了在《小龙邮票》《万寿邮票》和《红印花票》上加字改值的邮票。

图1 中国的第一套邮票——大龙邮票

中国邮票自1878年发行以来,按历史时期可分为清代邮票,中华民国时期发行的中华邮政邮票,土地革命战争时期、抗日战争时期和解放战争时期各革命根据地或解放区发行的解放区邮票和中华人民共和国发行的新中国邮票。中国台湾和香港、澳门地区也分别发行了限于本地区使用的邮票。香港、澳门分别于1997年和1999年回归后，发行使用"中国香港""中国澳门"铭记的邮票。

邮票素有"国家名片"之称。各个国家和地区发行的邮票都努力将本国、本地区的历史文化反映在邮票上，同时，世界所共同关注的重要事物也成为邮票的重要选题。邮票自诞生以来，随着邮政业务的发展和集邮活动的开展，邮票发行事业越来越受到各国邮政部门的重视，由于原材料和印刷工艺的进步，邮票的艺术水平和印制质量也在不断提高。面对全球信息化的高度发展和电子邮政的出现，邮票作为纳付邮资的最基本功能正在逐渐变化，邮票将以何种形式发展也成为世界范围内被广泛关注的课题。

◆　**特征**

各种邮票的票面通常必须具备三个要素（图2）：①铭记，即国名（地区名）或发行机构。②面值，即邮票的邮资数量及相应的货币单位。③图案，即邮票画面上所有的图案、文字及志号。在特殊情况下发行的邮票，也有缺少其中某一个要素的品种。

为了适应调整邮政资费等特殊情况的需要，一些国家发行了无面值邮票。通常用一个字母代替面值，使用时，这些带字母的邮票就代表所对应

邮政铭记　图案　面值

图2　邮票票面通常必须具备的三个要素

的邮资金额；另一类无面值邮票则在票面上明确注明是标准邮资邮票。绝大部分邮票有齿孔，但也有部分邮票为无齿孔邮票。有些国家的邮票用纸带有水印（纸张中的潜影图文，透视可见），以防伪造，并可区分版别。许多国家的邮票印有发行时间，或有印刷厂家标记。

◆ **邮票志号**

中国从 1949 年 10 月起在纪念邮票和特种邮票上均印有志号（即邮票志号）。邮票志号是印在邮票图案下方的编号，表示票种、套号、图号、年份，为邮票检索、分类、收集、整理带来便利。志号虽曾几度改变，但至今仍然保留。如图 3 所示，1、2 两张图是"纪""特"票的志号。"纪"字头邮票指纪念邮票。"纪 1"发行于 1949 年 10 月 8 日，至 1967 年 3 月 10 日发行的"纪 124"止。"特"字头邮票指特种邮票。"特 1"发行于 1951 年 10 月 10 日，至 1966 年 5 月 10 日发行的"特 75"止。这一时间段的纪念和特种邮票为"纪、特票"。其志号的特点是，标注票种、套号、全套枚数、枚号、总枚数及该票印制年份。如以"纪 4"《中华人民共和国开国纪念》面值 800 元邮票为例，边框下印有："纪 4.4-1（23）"。其中，"4"是纪念邮票的总序号，"4-1"分别表示此套邮票全套共 4 枚，这一枚是第 1 枚。"（23）"表示这枚票是新中国全部纪念邮票的第 23 枚。此外，"纪"字头票在"纪 16"之后，"特"字头票在"特 5"之后，开始标注印制年份。

图 3 中 3、4 两张图是"J""T"票的志号。从 1974 年开始，纪念邮票和特种邮票重新编号发行，用汉语拼音字母"J"和"T"分别代表。

"J.1"发行于1974年5月15日，至1991年11月16日发行的"J.185"止。"T.1"发行于1974年1月1日，至1991年9月14日发行"T.168"止。"J""T"邮票的志号与"纪、特票"基本相似，但取消了总枚数号。

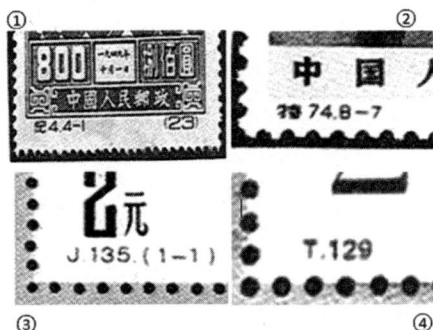

图3 邮票志号

◆ 种类

世界各国发行的邮票种类很多。按其用途和性质分，主要有普通邮票、纪念邮票（图4）、特种邮票（图5）、个性化服务专用邮票、特别发行邮票、航空邮票、欠资邮票、包裹邮票（含包裹印纸）、公事邮票、附捐邮票、快信邮票、挂号邮票、保价邮件邮票、汇兑印纸邮票、军用邮票、回执邮票、印刷品邮票、流动邮局邮票等：按使用区域范围分，主要有国内邮件邮票、国际邮件邮票、限地区使用邮票、多国通用邮票等：按发行机构分，主要有国家邮政邮票、地区邮政邮票等；按发行方式分，主要有正式发行邮票、加盖邮票、改值邮票、临时邮票等；按品种形式分，主要有单枚邮票、整版邮票、卷筒邮票、小本票、四连体票、本册票、不干胶邮票等；按邮票材质分，主要有金属邮票、木质邮票、丝绸邮票、绢质邮票等。在许多邮票发行时，还同时发行小型张或小全张。还有由两国以上联合发行的同一题材、同一图案的邮票。随着科学技术的进步，出现了电子邮票、网络邮票等。

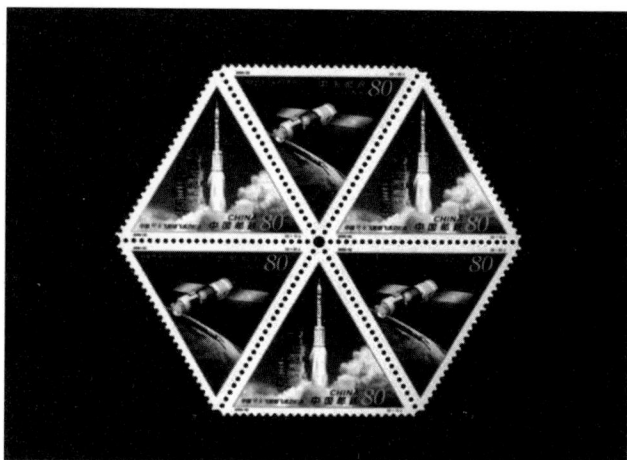

图 4　中国邮政部门发行的三角形纪念邮票——《中国"神舟"飞船首飞成功纪念》（2000 年 11 月 20 日）

第二汽车制造厂（左上）　　仪征化纤联合公司（右上）
胜利油田（左下）　　秦山核电站（右下）

图 5　《社会主义建设成就》（三）特种邮票
（1990 年 6 月 30 日）

普通邮票适用于各种邮件贴用，图案不经常变换，票幅较小，面值种类较多，可多次再版印刷。纪念邮票是为纪念国内外重大事件或著名人物而发行的。特种邮票是为宣传特定事物而专门发行的邮票，除了用于宣传某些重要事务外，文化艺术、历史文物、体育、科技、宗教、动植物、风景名胜等都可以作为题材。中国发行的邮票主要有普通邮票、纪念邮票、特种邮票（相当于国际通称的专题邮票）、个性化服务专用邮票、特别发行邮票、附捐邮票等。

◆ **印刷**

邮票在图稿设计的基础上采用不同的印刷方法。邮票印刷方法一般有雕刻凹版、平版胶印、照相凹版、影雕套印、胶雕套印等。世界最早的邮票是凹版印刷的。1959 年 9 月，北京邮票厂正式建成投产，中国邮政部门开始统一印制邮票。

为了便于将整张邮票撕开出售，印制过程中在每枚邮票的四周打有齿孔。邮票背面涂有背胶，以便在湿润后贴在邮件上。不少国家还发行了便于使用的不干胶邮票。邮票印制用纸多为专用纸张。中国自 1958 年起将邮票印刷用纸列为国家专用纸张。有的国家还曾使用金箔、银箔、铜箔、纺织品、木材印刷邮票。为了防止伪造邮票，不少国家在印制邮票时采用水印、暗记或喷码等方法。暗记大多是在邮票版面不明显处刻上白点、细线、微小字母或数码等。喷码包括明码和暗码，明码是在可见光下可见的号码，暗码是在可见光下不可见，在特定光源下可见的号码。

邮资凭证

邮资凭证是由国家（地区）邮政部门发行的，作为邮件纳费标志的有价票证。包括邮票、印在邮资信封、邮资明信片、邮资邮简、邮资信卡上的邮资图案，邮资机打印的邮资符志，以及国际回信券。

邮资是寄邮件时按规定向邮政经营部门交纳的费用。邮资分为基本邮资和附加资费，基本资费也称为主要资费，是指按水陆路交寄的普通邮件应交付的邮费；附加资费也称特别资费，是指由于特殊处理或加速运输而需加付的资费，包括挂号费、邮件回执费、保价费、撤回或修改费、更正收件人名址申请费、存局候领费、逾期保管费、送交海关验关费等。

◆ 邮票

邮票是由国家（地区）邮政主管部门发行的，用于邮件纳费标志的邮资凭证（有价票证）。

◆ 邮资信封

邮资信封是国家（地区）邮政主管部门发行的印有邮资图案的信封。邮资信封可分为普通邮资信封、礼仪邮资信封、纪念邮资信封、美术邮资信封等种类。

◆ 邮资明信片

邮资明信片是国家（或地区）邮政

图1　国家邮政局批准合肥市发行《合肥包公祠·包拯塑像》专用邮资图案邮资信封和包拯个性化邮票

主管部门发行的印有邮资
图案的明信片，简称邮资
片。邮资明信片可分为普
通邮资明信片、纪念邮资
明信片、特种邮资明信片、
风光邮资明信片、贺年（有
奖）明信片。

图 2　中国邮政特别发行 285 万枚邮资明信片以纪念世界摄影大会首次在中国举办

◆ **邮资邮简**

邮资邮简是国家（或地区）邮政主管部门发行、印有邮资图案的邮简。其特点是将信封、信纸合二为一，邮简展开后，纸幅较大，可书写信文。

◆ **邮资信卡**

邮资信卡是邮政主管部门发行的对折式不需要套寄的通信卡片。

◆ **国际回信券**

国际回信券是万国邮政联盟会员国间相互约定发售及兑换回信邮票的一种证券。国际回信券由万国邮政联盟发行，供应各会员国发售。

普通邮票

普通邮票指面值种类齐全，供邮寄各类邮件贴用的邮票。是邮票的主要类别。普通邮票多次印刷，发行量大，发售时间长，票幅较小，图案相对固定。简称普票。又称常用邮票。

世界首枚黑便士邮票

世界第一枚普通邮票是英国于 1840 年 5 月发行的"黑便士"邮票。中国第一套普通邮票是于 1878 年 7 月发行的《大龙》邮票。中华人民共和国发行的第一套普票是于 1950 年 2 月发行的"普 1"《天安门图案》（第一版）普通邮票。

1950 年 1 月 1 日，邮电部邮政总局成立，除东北地区外，全国不仅统一国内邮资，而且有了全国统一的邮政机构。1950 年 1 月 9 日，邮政总局发布国际邮件资费表；14 日，邮政总局发出通令，规定邮票由邮政总局统一印发，过去各解放区自印的各种邮票一律停止印刷，已印成或加字改值的邮票，售至同年 3 月底为止，已售出的邮票用至同年 5 月底为止。为适应邮政业务需要，中国人民邮政发行了第一套普通邮票，全套邮票共 9 枚，有 9 种不同的面值。邮票的画面是天安门城楼和西侧的华表，基本信息如下：

表 1　中国第一套普通邮票基本信息

志号	普 1	齿孔度数	12.5
创作者（设计者）	孙传哲	规格	18 毫米 ×20.5 毫米
发行日期	1950 年 2 月 10 日	版式	200（20×10）
版别	胶版		

续表

图序	票图名称	面值／圆	票规格／毫米	齿孔度数	发行量／万
9-1	天安门	200	18×20.5	P12.5	3500
9-2	天安门	300	18×20.5	P12.5	3500
9-3	天安门	500	18×20.5	P12.5	3500
9-4	天安门	800	18×20.5	P12.5	5000
9-5	天安门	1000	18×20.5	P12.5	6000
9-6	天安门	2000	18×20.5	P12.5	3000
9-7	天安门	5000	18×20.5	P12.5	2000
9-8	天安门	8000	18×20.5	P12.5	1500
9-9	天安门	10000	18×20.5	P12.5	2500

在发行"普1"邮票时，还分别发行了"普东1"（限东北贴用）和"普旅1"（旅大贴用）两套限地方贴用的普通邮票。其中"普东1"的面值标注与"普1"相同，但"普旅1"除面值币制单位不同，为当时旅大地方币值外，在小写面值标注上也有所不同，即小写面值后面还标注有元以后的小数"00"，由于没有用小点，因而采用了字号小于基数币值元加以区分，这在新中国邮票面值的标注上还是很有特色的。

"普1"至"普5""普7""普9"天安门图案普通邮票，全部由孙传哲设计，天安门是500多年来中国历史见证，成为新中国象征。高额邮票以胶雕套印印制，以示区别。从"普1"到普5（包括"普东1""普东2"和"普旅1"）及"普7"全部都是天安门一种图案，其大小、边齿、色调均相仿，最大的区别就是云图了。除了东北贴和旅大贴在右上角有标注和面值区别外，它们的云图形状、块数、排布都略微有极小的区别，一般说来"普1""普2"是三片云，"普2"颜色浅；"普3""普4"是顶天云，"普4"颜色浅；"普5"是两片云；"普7"是白色云。

表2　中华人民共和国共发行的普通邮票（截至2018年5月）

普1	天安门图案普通邮票（第一版）	普东1	天安门图案普通邮票（东北贴用，第一版）
普旅1	天安门图案普通邮票（旅大贴用）	普2	天安门图案普通邮票（第二版）
普东2	天安门图案普通邮票（东北贴用，第二版）	普3	天安门图案普通邮票（第三版）
普4	天安门图案普通邮票（第四版）	普5	天安门图案普通邮票（第五版）
普6	不同图案普通邮票	普7	天安门图案普通邮票（第六版）
普8	工农兵图案普通邮票	普9	天安门图案普通邮票（第七版）
普10	花卉普通邮票	普11	革命圣地图案普通邮票（第一版）
普12	革命圣地图案普通邮票（第二版）	普13	北京建筑普通邮票
普无号	"文化大革命"普通邮票	普14	革命圣地图案普通邮票（第三版）
普15	交通运输图案普通邮票	普16	革命圣地图案普通邮票（第四版）
普17	北京建筑图案普通邮票	普18	工农业生产建设图案普通邮票
普19	北京长话大楼图案普通邮票	普20	北京风景图案普通邮票
普21	祖国风光普通邮票（雕刻版）	普22	祖国风光普通邮票（影写版）

续表

普 22（甲）	祖国风光普通邮票 （磷光）	普 23	民居
普 24	中国石窟艺术普通邮票	普 24（甲）	中华全国集邮展览'89·北京（小型张）
普 25	民居	普 26	民居
普 27	民居	普 28	长城
普 29	万里长城（明）	普 30	保护人类共有的家园
普 31	中国鸟	普 32	美丽中国（第一组）
普 33	美丽中国（第二组）		

特种邮票

特种邮票指特殊用途或特殊作用的邮票。是新中国发行的纪念邮票和普通邮票以外的特定邮票，主要用来宣传特定事物。简称特票。

◆ 主要特点

特种邮票涉及的内容广泛，包括古今中外、历史地理、科学技术、文物古迹、名山大川、动物植物、体育运动以及建设成就等。特种邮票发行特点与纪念邮票相仿，有固定的发行日期，在邮局限期出售。邮票发行量一经公布后，不再重印。

"特"字头和"T"字头邮票均属特种邮票。"特"字头特种邮票是从 1951 年 10 月 1 日发行的"特 1"《国徽》邮票起，至 1966 年 5 月 10 日"特 75"《服务行业中的妇女》邮票止，共发行了 75 套特种邮票。"T"字头特种邮票是"特"字头邮票的继续。它是将邮票上的志号"特"改为"T"。

特种邮票——《拜年》

"T"字头特种邮票从1974年1月1日发行的"T1"《体操运动》邮票起，至1991年9月14日"T168"《赈灾》邮票止，共发行了168套特种邮票。1992年起，邮票志号虽然改为以编年号发行，但仍在每枚邮票的右下角，以"T"汉语拼音字母标记特种邮票。

◆ **发展历史**

新中国发行的第1套特种邮票是1951年10月1日发行的"特1"《国徽》邮票，全套5枚邮票（各图仅面值和颜色不同），胶雕版。原票由北京中国人民印刷厂印刷，再版票（1955年1月10日发行）由北京人民印刷厂印制，孙传哲设计，吴锦堂雕刻，邮票图幅为27.5毫米×43毫米，齿孔度数14。

1950年9月20日，中央人民政府主席毛泽东正式公布了中华人民共和国国徽图案和说明。为了宣传国徽，同年11月3日，邮电部致函中央人民政府委员会办公厅，正式提出发行《国徽》邮票的请求："中华人民共和国国徽图案及国徽使用办法，业经本年九月二十日中央人民政府命令公布在案。本部现拟印制邮票一组，以国徽为图案，除邮票上应有之文字'中国人民邮政'等字及面值数字外，不印其他花纹，以示尊重。"同年11月6日，中央人民政府委员会办公厅复函同意邮电部的要求。

　　《国徽》邮票的志号中标有"特1"字样，从此新中国邮票开创出一个新的票种——特种邮票。根据当年邮票发行工作者的回忆，当时对《国徽》邮票如何编定志号有过讨论。编为纪念邮票显然不合适，因为纪念邮票一般应有明确的纪念日期，并且是为纪念重大事件、节日、重要活动或重要人物而专门发行的。《国徽》邮票发行距国徽图案正式公布已有一年，其题材本身具有神圣性也绝非一般的纪念性质所能涵盖。于是，邮政主管部门为这套邮票专门安排了新的志号"特种邮票"，从而在中华人民共和国邮票史上开拓出一种新的邮票类型。在邮票上标注志号，在邮票志号中区分纪、特邮票，将特种邮票作为一个独立的票种发行，这都是新中国邮票的创举。但是，令人遗憾的是目前还没有发现有关特种邮票这一名称由来的档案文件，在邮电部关于发行"特1"邮票的公告中也未解释特种邮票的含义。

　　《国徽》邮票的原设计方案是按国徽的规定涂色以金、红两色套印，凸版部分加印黑色线条，另印底色，工艺相当复杂。邮票发行部门经与印刷厂家的制版和印刷各工序研究讨论，认为这种设计需套色多次，而邮票票幅面积小，一个全张至少也有几十枚，以当时的技术和设备无法套印准确。于是，设计者只得更改方案，在参考了苏联、捷克斯洛伐克、罗马尼亚等国发行的《国徽》邮票之后，决定采用单色雕刻版加胶印底色的工艺。

纪念邮票

　　纪念邮票是邮政部门为纪念重大事件、重要活动或人物而专门发行的邮票。是邮票票种之一，图案多以与事件、活动或人物有关的内容为题材，并有特定的纪念文字或徽志及年代，发行数量有一定限制，出售时间较短，一般不再重印。

世界各国邮政部门都十分重视纪念邮票的设计与发行，多将与本国有关的事件、活动或人物反映在邮票上。同时，也有不同国家为同一事件、活动或人物而发行的纪念邮票。世界上第一套纪念邮票是 1871 年秘鲁以"纪念利马一卡亚俄铁路通车 20 周年"为题材发行的邮票。中国第一套纪念邮票是 1894 年（清光绪二十年）发行的《慈禧太后六十寿辰》邮票。中华人民共和国第一套纪念邮票是 1949 年 10 月 8 日发行的《庆祝中国人民政治协商会议第一届全体会议》邮票。

"纪"字头和"J"字头邮票均属纪念邮票。"纪"字头纪念邮票是从 1949 年 10 月 8 日发行的"纪 1"《庆祝中国人民政治协商会议第一届全体会议》邮票起，至 1967 年 3 月 10 日"纪 124"《向 32111 英雄钻井队学习》邮票止，共发行了 124 套邮票。"J"字头纪念邮票是"纪"字头邮票的继续。它是将邮票上的志号"纪"改为汉语拼音"J"。

"J"字头特种邮票是从 1974 年 5 月 15 日发行的 J1《万国邮政联盟成立一百周年纪念》邮票起，至 1991 年 11 月 16 日 J185《第一届世界女子足球锦标赛》邮票止，共发行了 185 套邮票。1992 年起邮票志号虽然改为以编年号发行，但仍在每枚邮票的右下角，以"J"汉语拼音字母标记纪念邮票。

1949 年 10 月 8 日，为了庆祝中国人民政治协商会议第一届全体会议胜利召开，中华人民共和国华北邮政总局以"中华人民邮政"名义向全国发行《庆祝中国人民政治协商会议第一届全体会议》纪念邮票，全套 4 枚。这套邮票是中华人民共和国成立后发行的第一套纪念邮票，因新中国成立初期东北地区流通的是东北币，尚未用人民币收兑，故两次印刷发行的同时都发行一组东北币值邮票，供东北地区贴用。全套共有四种版别。

①版别一。

名称：庆祝中国人民政治协商会议第一届全体会议；

齿孔度数：12.5 度；

设计者：张仃、钟灵；

全套面值：380 元（分别为 30 元、50 元、100 元、200 元）；

发行量：360000；

发行机构：邮电部；

印刷机构：上海商务印书馆。

②版别二。

名称：庆祝中国人民政治协商会议第一届全体会议（再版）；

志编号：纪 1；

发行日期：1955 年 1 月 10 日；

全套枚数：4；

规格：21 毫米 ×29 毫米；

齿孔度数：12.5 度；

版别：胶版；

设计者：张仃、钟灵；

全套面值：380 元（分别为 30 元、50 元、100 元、200 元）；

发行机构：邮电部；

印刷机构：上海市印刷一厂。

③版别三。

名称：庆祝中国人民政治协商会议第一届全体会议（东北贴用）；

志号：纪 1；

发行日期：1949 年 10 月 12 日；

全套枚数：4；

规格：21 毫米 ×29 毫米；

齿孔度数：12.5 度；

版别：胶版；

设计者：张仃、钟灵；

全套面值：10000 元（分别为 1000 元、1500 元、3000 元、4500 元）；

发行量：175000；

发行机构：邮电部；

印刷机构：上海商务印书馆。

④版别四。

名称：庆祝中国人民政治协商会议第一届全体会议（东北贴用）（再版）；

志号：纪 1；

发行日期：1955 年 1 月 10 日；

全套枚数：4；

规格：21 毫米 ×29 毫米；

齿孔度数：12.5 度；

版别：胶版；

设计者：张仃、钟灵；

全套面值：10000 元（分别为 1000 元、1500 元、3000 元、4500 元）；

发行机构：邮电部；

印刷机构：上海市印刷一厂。

附捐邮票

附捐邮票是为福利、健康、赈灾、慈善等事业筹款而在邮资外另加附捐金额的邮票。又称福利邮票、慈善邮票。

附捐邮票面值与附加金额的表示方法有几种：①印有邮资＋附捐金额；②印有邮资和售价；③不印附捐金额；④正票之外的附票上印有附捐金额。附加金额不能作为邮资使用。

19 世纪末，欧洲正流行肺结核病。1897 年，作为英国殖民地的新南威尔士政府（后来为澳大利亚的一个州），为了募捐款项用于资助肺结核疗养院开展结防工作，并帮助患者的家庭，曾发行了 1 套 2 枚的邮票，以比邮票面值高 12 倍的价格出售，所得收入除去面值金额外，全部用于上述慈善事业。这确实是一项发明创造，开创了附捐邮票的先河。附捐邮票是通用邮票的一种，一般可以贴用于各种邮件。附捐邮票较之其他票种的最大不同，就是其票面往往有两个面值标注数字，常见形式为：邮资面值＋附捐金额，且二者字体也有大小区别，大字为邮资面额，小字为附捐金额。附捐金额不能计作邮资使用。附捐邮票的这一特点，也使其有了"附加值邮票"或"附加金已付邮票"的别称。

自 1897 年以来，全世界已有 200 余个国家和地区先后发行了附捐邮票。纵观 100 多年来各国（地区）发行的各种形式的附捐邮票，可以归纳为赈灾、战地救护、慈善、红十字、改善福利、健康事业、护理事业、助残疾人、儿童保健、妇女保健、医疗卫生事业、防疫、防癌、牙防、防病等，募集各种基金，甚至还有抵偿国债等。故附捐邮票又有"福利邮票""慈善邮票""自愿邮票"之称。

中国最早的附捐邮票是 1920 年北京一版帆船加盖"附收赈捐"邮票，所得捐款用于救济黄河决口区的灾民。

新中国发行的第一套附捐邮票是 1984 年 2 月 16 日发行的 T92《儿童》附捐邮票。基本信息如下：

名称：儿童；

志号：T92；

发行时间：1984 年 2 月 16 日；

版别：影写版；

齿孔度数：11.5 度；

邮票尺寸：31 毫米 ×38.5 毫米；

设计者：陈晓聪；

印刷厂：北京邮票厂；

2-1 面值：8+2 分（在阳光下）；

2-2 面值：8+2 分（健康成长）。

新中国发行的第一套附捐邮票

个性化服务邮票

个性化服务邮票指专用于邮票个性化服务业务而发行的邮票。简称个性化邮票。

邮票个性化服务业务，是指使用个性化服务专用邮票或其他经批准使用的邮票，在邮票以外的空白附票或整版邮票的边饰空白区域为客户提供个性化服务的业务。邮票个性化服务业务是随着集邮业务不断发展、邮票印制技术不断更新，为适应社会需求而产生的新型邮政专营业务。个性化服务专用邮票坚持内容健康、弘扬正气的邮票选题原则，结合特定的个性化文化主题，服务于社会，服务于社会主义精神文明建设。中国邮政自 2002 年正式开办邮票个性化服务业务以来，到 2017 年 6 月已经发行个性化服务专用邮票 47 套，成为中国邮政邮票的一个新的系列。个性化邮票主图图案涉及祝福、贺岁、政治、军事、科技、文化体育等专题内容。

进行邮票个性化服务时，用户可选择相应的个性化服务专用邮票为主图，在其空白附票和边纸处依规设计个性化内容，并选择适宜的邮票版式和印制数量。邮票个性化服务业务还提供针对特定群体的专题服务，在重大活动现场向客户提供现场印制个性化邮票成品的服务。由于邮票个性化服务范围涉及领域广泛，深受社会各界关注。在弘扬主旋律、传承中华民族优秀传统的同时，对扩展邮政业务、促进集邮活动起到了良好作用。

中国第一套个性化服务专用邮票是原国家邮政局 2002 年 5 月 10 日发行的个（1）《如意》，具体信息如下：

图名：如意；

面值：80 分；

邮票规格：30 毫米 ×30 毫米；

附票规格：20 毫米 ×30 毫米；

齿孔度数：12 度；

版别：胶印；

《如意》邮票

设计者：张磊、余晓亮；

责任编辑：尚予；

印刷厂：北京邮票厂。

大龙邮票

大龙邮票是 1878 年（清光绪四年）中国清代海关试办邮政时期发行的中国第一套邮票。

大龙邮票发行时及使用期间没有正式名称。后因邮票图案为龙，图幅较 1885 年底发行的第二套邮票大些，就习称为大龙邮票或海关大龙。1988 年纪念大龙邮票发行 110 周年时，中国邮电部正式将其定名为中国大龙邮票。

大龙邮票的发行日期，由于资料的缺失，长期没有定论。根据海内外集邮专家多年考证、研究，与近年挖掘出的海关档案相印证，集邮界形成了"大龙邮票发行日期上限为 1878 年 7 月 24 日"的共识。

大龙邮票全套 3 枚，主图基本相同，均为一条跃出水面的龙。面值分别为 1 分银（黄绿色）、3 分银（朱红色）、5 分银（橘黄色）。图幅 22.5 毫米 ×25.5 毫米，有背胶，齿孔为 12.5 度，凸版，海关总税务

大龙邮票

司署造册处印刷厂分 3 期印刷发行：第一期于 1878 年发行，全张枚数为 25（5×5），3 分银有少量为 20（5×4）。因纸质多数较薄，呈半透明状，通称薄纸大龙。第二期始于 1882 年发行，全张枚数 1 分银、5 分银均为 25（5×5），3 分银 15（5×3），因邮票图幅间距较宽，通称阔边大龙。第三期始于 1883 年发行，全张枚数为 20（4×5），因纸质稍厚不透明，通称厚纸大龙。因打孔机的缘故，先打出来的齿孔光滑，被称为厚纸光齿大龙。后印者齿孔毛糙，通称厚纸毛齿大龙。因全张印版由单个铜质子模拼成活版印刷，而每次印刷都要将字模重新拼版，故各版全张都有自己的版式特征。

据《费拉尔手稿》记载：大龙 1 分银印量约为 85 400 枚，3 分银印量约为 185 500 枚，5 分银印量约为 75 799 枚。总计约为 346 600 枚。另据绵嘉义（Juan Mankarini，西班牙人，清代海关外籍职员）记载，大龙邮票印量为 100 余万枚。

猴　票

猴票是中国邮政 1980 年发行的《庚申年》邮票的俗称。又称庚申猴。

《庚申年》邮票是中国邮政发行的第一套生肖邮票，因邮票图案是一只灵动的金猴，故名。邮票全套 1 枚，面值 8 分，邮票图案为著名画家黄永玉所绘，邵柏林设计，姜伟杰雕刻。采用影雕套印版印刷。票幅为 26 毫米 ×31 毫米。邮票全张 80 枚（8×10）。猴票设计独具匠心，在大红喜庆的底色上，黑色猴子身上的雕刻纹理毫发毕现，凸起手感很强。猴子双目精光四射，十分传神。又由于猴票印制时，因印刷油墨的问题，导致成品量达不到原计划的指标。长期以来猴票的发行量众说纷纭，最后查清只有 443.16 万枚，这与后来上亿枚生肖邮票的发行量相比是很少的，邮票版票尤为稀少。由于猴票印制精美、存世量少，又具有生肖

《庚申年》（猴票）

邮票的龙头效应，其市场价值较高，是具有很高知名度的中国邮票。

黑便士

黑便士是 1840 年英国发行的世界上第一枚邮票。5 月 1 日发售，5 月 6 日正式使用。面值为 1 便士，用黑色油墨印制。

1839 年 8 月 7 日，英国议会通过实行均一邮资制的一便士邮资法和预付邮资制度，并公开征集邮票图稿。在英国罗兰·希尔的主持下，邮票图案采用了纪念 1837 年维多利亚女王即位制作的城市勋章上的侧面头像，画家 H. 科尔布尔德绘制了适于印刷的图像，C. 希思和 F. 希思父子进行了母模雕刻，伦敦帕金斯·培根和佩奇公司以雕刻凹版印刷。邮票使用小皇冠水印的白色无底纹纸，图幅为 19 毫米 ×22.5 毫米，无齿孔，有背胶，全张枚数为 240（12×20）。在全张邮票中，每枚邮票图案左下角方格内自上而下顺序印有"A"至"T"20 个大写英文字母，右下角方格内自左至右顺序印有"A"至"L"12 个大写英文字母。因

此全张邮票中各枚邮票所带的两个字母都不同，以此表示每枚邮票在邮票全张中的位置。全张邮票边纸上印有文字说明："每枚售价 1 便士，每排 12 枚，售价 1 先令，每一全张售价 1 英镑"，邮票上只印有邮资（postage）字样，未印国名。黑便士邮票共印了 11 版，总发行量 7200 万枚。黑便士邮票问世后，曾用黑色和红色油墨盖销邮票，但因销印不清晰，9 个月后将邮票刷色改为棕红色。黑便士邮票的发行是世界近代邮政开始的标志，备受集邮界的关注。

仿印邮票

仿印邮票是指邮政部门为集邮展览、集邮活动、集邮品制作等仿照已经停用的早期珍罕邮票，重新制版印制的"邮票"。由于明文宣告是仿印，在其票幅、纸质、刷色、齿孔、暗记等细节上与真邮票有所区别，有的在仿印邮票票背上印有"仿制品"字样。

仿印邮票并非再版邮票，不具有邮资效用，主要为提高集邮兴趣，供集邮者作为图样留存。

而后也有非邮政部门或个人制作仿印邮票，力求逼真，并不标明仿印，甚至仿印现行通用邮票，这就涉嫌造假。中华人民共和国信息产业部 2000 年 10 月 8 日发布《仿印邮票图案管理办法》，明确规定：从严控制仿印邮票图案的审批，依规对仿印邮票进行报批、监制、缴送样品，对违规仿印邮票图案的行为进行查处。同时规定在纸质材料上原色仿印邮票图案，应当放大或者缩小 1/3；放大或者缩小不足 1/3 的，必须在邮票图案的右下角或者左下角加印一条明显的斜线，斜线起止于邮票图案两边各自边长的 1/3 处，斜线宽度不得小于 0.2 毫米。禁止在信封、明信片和邮筒的右上角贴邮票位置仿印邮票图案。禁止个人仿印邮票图案。

《北京 2022 年冬奥会会徽和冬残奥会会徽》
邮票金、银仿印特许产品

2018 年 3 月 21 日，由北京冬奥组委许可发行的《北京 2022 年冬奥会会徽和冬残奥会会徽》邮票金、银仿印特许产品在北京冬奥会特许商品零售店菜百公司店正式发售。两位冬奥明星运动员中国女子短道速滑队队员李靳宇、中国男子短道速滑队队员任子威来到发售现场，与大家共同见证。《北京 2022 年冬奥会会徽和冬残奥会会徽》邮票金、银仿印特许产品，分为典藏版和珍藏版两款，以北京冬奥会会徽和冬残会会徽邮票为核心，以长城、鸟巢、天坛、中式建筑为设计元素，把中国文化底蕴、现代国际风格、冬奥运动特征融为一体。典藏版由北京冬奥会会徽邮票和冬残奥会会徽邮票一套两枚，以及 1g 足金、2g 足银仿印邮票各一枚组成，限量 30 万套。珍藏版由一套两版整版邮票，一套两版共 5g 足金、140g 足银仿印的整版邮票，一套两枚足银仿印邮票银章及四方连足银仿印邮票组成，限量发行 3 万套。本套特许产品附带唯一编号产品收藏证书，北京冬奥会特许，所有贵金属均有国家金银饰品质量监督检验中心的鉴定证书。

志　号

志号是印在邮票图案下方表示邮票分类、顺序编号的标志与号码。

邮票志号是中国首创的邮票编列标示方法，创意人为邓连普。1949年起首先在中国纪念邮票与特种邮票上采用，为邮票的分类、检索、收集、整理带来很大方便。近期世界上一些国家也采用了邮票志号。

中国邮票的志号标示形式经历了几次变化：1949年至1967年3月，邮票志号标示形式为，票种-套号-全套枚数-图号-总图号-邮票发行年份，如《殷代铜器·尊》邮票志号为特63.8-5（364）1964就表示特种邮票第63套、8枚一套的第5图，是全部特种邮票的第364图，1964年发行。这个时期的邮票称为"老纪、特邮票"，共发行"纪"字头邮票124套、"特"字头邮票75套。1967年4月至1970年1月邮票志号中断。1970年8月至1973年，恢复邮票编号，不分纪念邮票、特种邮票，重新对每枚邮票顺序编号，共发行21套95图。从1974年起，再度以纪念邮票、特种邮票分别编列志号，邮票志号标示形式与"老纪、特邮票"相似，以汉语拼音字母"J""T"分别代表纪念邮票、特种邮票，取消了总图号。这个时期的邮票称为"新J、T邮票"，共发行"J"字头邮票185套、"T"字头邮票168套。1992年起，中国邮票志号改为纪念邮票、特种邮票统一按年编列，邮票志号标示形式为：邮票发行年份-套号-图号-票种，如《人民大会堂·东门》邮票志号为2009-15

（2-1）T 就表示 2005 年发行的第 15
套邮票、2 枚一套的第 1 图，属于特
种邮票，这种编年标示形式的邮票志
号沿用至今。

　　此外，中国邮政发行的邮资信封、
邮资明信片、邮资信卡以及部分集邮
品上，也印有相应类别的志号。

　　2013 年 10 月 25 日，河北省邯郸
市为庆祝杂交水稻培育成功 40 周年，
中国邮政发行《杂交水稻》特种邮票

《杂交水稻》特种邮票志号

1 套 2 枚，邮票面值均为 1.20 元。邮票图案分别为"制种"和"丰收"。
邮票以绿色为主要色彩，以表现杂交水稻的勃勃生机和杂交水稻是绿色
安全的健康食品。

集邮品

　　集邮品是供集邮者收藏的邮资凭证和各类集邮制品、邮政用品及与
集邮活动有关的收藏品的总称。

　　邮政寄递和使用的物品及邮票的衍制品统称为邮品。进入集邮范围
的邮品称为集邮品，集邮者习惯称之为邮品，成为供集邮者收集、欣赏、
研究、珍藏或买卖的特殊商品。集邮品的概念、范围随着时间的推移而
变化。集邮者起初只是收集、整理和研究邮票，随着集邮活动的发展，

集邮的内涵与外延随之扩展，集邮品的内容与范围愈来愈广。

◆ **分类**

集邮品种类目前按广义的有 5 类，狭义的有 3 类（前 3 类）：

①邮资凭证类。包括邮票、小型张、小全张、小本票、小版张等票品，与邮政机构发行和使用的邮资信封、邮资明信片、邮资邮简、原图卡以及邮资附加费券等，实寄使用的实寄封、航空封、实寄片等。

②集邮制品类。包括首日封、首航封、纪念封、邮币封、迎春封、拜年封，纪念明信片、美术明信片、极限明信片，单套票邮折、全年邮票折、整版票折、邮戳卡、纪念图卡、首日卡等。

③邮政用品类。包括邮政日戳、纪念邮戳、风景邮戳、邮资机盖戳，邮政使用的航空签、挂号签、封口签和单式。

④集邮文献类。包括邮票目录、集邮图书、报刊、手稿、邮政和集邮史料、集邮电子出版物等。

⑤集邮收藏品类。包括集邮人物的名片、题词、藏书票、信函、签名封片，邮票设计师的设计图稿、手绘封，新邮预定证（卡）、新邮预报宣传卡、新邮预报招贴画、部分邮票图稿宣传画，集邮团体的会员证、通讯录、会花、纪念印章、纪念张，邮展请柬、门券、证件、展品目录、吉祥物、获奖证书、奖品，印有邮票图案的年历卡、挂历、拍卖图录等。

就广义集邮品而言，其中集邮文献类属于国际邮展的展品门类，毋庸置疑。集邮收藏品类属于集邮活动的衍生品、宣传品和纪念品，与集邮的关联非同一般，是集邮发展的历史见证。长期以来，集邮文献类与集邮收藏品类始终受到集邮者的关注和喜爱。

◆ **特点**

集邮品的发展具有三个特点:

①拓展性。例如,1981年诞生了电子邮票,又称自动化邮票,于是电子邮票成为新的集邮品。1990年国际集邮联合会通过决议,将印花税票纳入邮展内容,由此税票成为集邮品。2003年国外邮政引入可以由用户自己设计的邮票,随之个性化邮票逐渐成为风靡全球的集邮品。

②创新性。进入21世纪,中国兴起一些新的集邮内容,例如,2004年5月全国民间文献集邮展览在无锡举行;2005年中华全国集邮联合会明确邮政附加费展品和免资品展品可以参加全国邮展,从而使集邮文献、邮政附加费、免资品等成为备受瞩目的集邮品。

③延伸性。集邮品是邮票主题和内涵的延伸,在对邮票主题进行挖掘时,盖销邮票、年票册、专题邮册、邮折,纪念封、首日封、首航封、极限片、有奖贺年邮资片,纪念邮戳、风景日戳、邮戳卡等集邮品脱颖而出。国家级集邮品的发行和经营是中国集邮总公司的主要业务之一。

《中华人民共和国成立十周年》部分纪念邮票

邮　册

邮册指保存收藏、展示宣传邮票的册子。全称集邮册。

传统的邮册有两种类型：一种是插票册，用来临时保存邮票；一种是贴票册，整理编组各种邮集所用。

◆ 插票册

简称插册。又称邮票插册、集邮册。插票册的形式分固定式和活页式两种。插票册一般用较厚的纸板制成，内有固定的插票页。在插票页上嵌有用玻璃纸或透明胶片做成的插槽，供插放邮票用。因邮票能在插票册内随意插入、提取，集邮者多作为暂时存放邮票使用。

进入 21 世纪，插票册的应用范围和类型又有了新的拓展，现已形成两大系列：①通用集邮册。例如，活页收藏册、四方连收藏册、小型张收藏册、小版票收藏册、大版票收藏册、明信片收藏册、双连明信片收藏册等。②专用集邮册。例如，邮票公司等发行的邮票珍藏册、年票定位册、专题纪念集邮册等。

十犬十美邮册

◆ 贴票册

简称贴册。供粘贴邮票用的簿册。贴票册由若干纸质平整、光洁度好的邮票贴片组成，分固定式、活页式两种。使用时，先将集邮品装入护邮袋内，再按个人的整体构思，将护邮袋粘贴在邮票贴片上，并辅以简洁的文字说明。

贴票册常见的有两种：①专用贴票册。按邮票的题材编印、逐页印有邮票名称和参考图样或相当于邮票大小的线框。邮票按指定框位用胶水纸固定其上。②通用贴票册。又称空白册。空白册页上有的印有淡色小方格，可自行安排贴票位置，还可以加注资料性文字。集邮者常用这种通用贴票册来保存经过整理的邮票，组编邮集。

邮票贴片，又称贴页。贴片原是活页通用贴票册中的活动贴页，可以单独使用。国际通用的贴片规格为 215 毫米 ×280 毫米。多数贴片上印有浅色小方格，以利于票品排列整齐。集邮者多采用活页式的白片，因其宜于发挥集邮者的聪明才智，可随意调整集邮品的布局，组编邮集。邮集中的邮品，可直接编排在贴片上，参展时把贴片布置在展框中，平时就像一部活页书一样存放，十分方便。

邮　折

邮折是为一定主题特制的，内贴邮票或插贴相关主题邮品，在封面和封底印有相关文字和（或）图案的折叠式硬纸卡。

其样式一般多为两折，也有三折或四折。邮折按功能分贴票式与插票式，前者多加盖与所贴邮票相关的邮戳；按用途分为套票折、年票折

图1 中国邮政开办一百周年"邮电职工留念"邮折内页之一

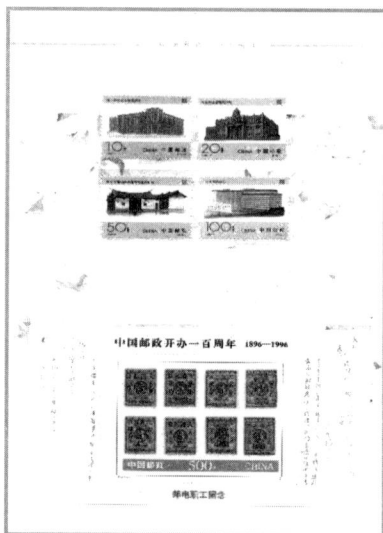

图2 中国邮政开办一百周年"邮电职工留念"邮折内页之二

和生肖票折。

制作邮折的目的不仅是保护里面的邮票,更是延伸拓展邮票的信息与审美内容。含有邮票邮折的文化信息比单纯一套邮票的信息要丰富。例如,中国集邮总公司2016年发行的《申猴吉祥》生肖邮票大版邮折,包含《丙申年》大版、3枚版异形个性化邮票。三折邮折,带封套。设计配合本轮邮票特点,用UV工艺表现邮票的雕刻版技术。

新中国有两个不同凡响的邮折:

1996年3月20日,邮电部发行"中国邮政开办一百周年"纪念邮票,全套4枚邮票,1枚小型张。小型张主图为1897年2月2日大清邮政官局发行的全套8枚红印花加盖暂作邮票。邮电部决定设计制作100万个纪念邮折。为此在小型张8枚红印花邮票的下方加印一行红字"邮电职工留念",与全套4枚邮票、带邮政标志纪念张2枚一起制成"纪念中国邮政一百年

（1896～1996）邮电职工留念"邮折，免费发放给全国的邮电职工，
包括离退休职工。

2015 年 10 月 20 日，
习近平主席夫妇出访英国
时在白金汉宫与英国女王
互送礼物。习近平赠送给
英国女王和菲利普亲王的
几件礼物中有一个特制的

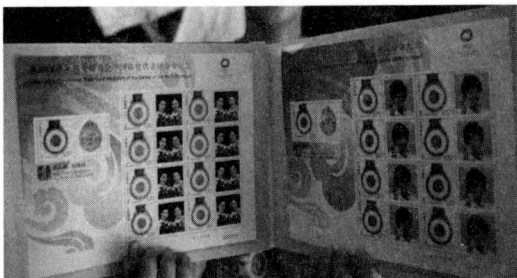

图 3　"金牌运动员"即时版个性化邮折

邮折《中国》。邮折采用中国传统的经折装形式，封面印有国徽和"中
国 China"文字。内页配套有《故宫博物院》《万里长城》《秦始皇
陵兵马俑》三套邮票和小型张。

邮币卡

邮币卡是集邮品、钱币、磁卡三类收藏品的统称。广义邮票市场的
代称。一般邮币卡市场内是以摊位为单位进行邮、币、卡的销售和收购。

◆ 分类

20 世纪 80 年代中期起，在中国各地大中城市由社会上自发形成一
些邮票钱币经营市场，经营的范围各不相同，有的包括各种收藏品，也
有的仅限于集邮品，但大多数市场经营的品种是以集邮品、近现代钱币、
各种磁卡三类收藏品为主，因此许多此类市场以邮币卡命名。

邮

集邮品类，包括中外邮票、小型张、小本票、邮资明信片、邮资信

封、首日封、纪念封、实寄封等。现在邮币卡市场大部分经营的是新中国邮票，还包括印花税票、邮票目录、集邮报刊、集邮用品等。

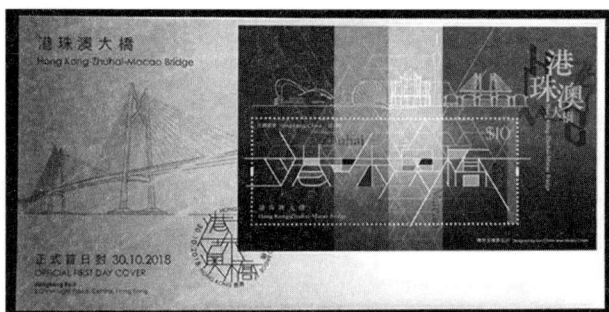

图1 "港珠澳大桥"特别邮票首日封

币

钱币类，包括中外流通币（市场流通的纸币和硬币）、贵金属币（金币和银币）、非贵金属币（除金银币外的金属硬币）。品种有流通钞、纪念钞、连体钞、整版钞、塑料钞、流通币、纪念币、金银币等，还包括钱币目录、钱币书刊、钱币册等。现在邮币卡市场经营的中国钱币以近现代钱币为主，即清代后期出现现代印钞机、机制币以来由清政府、中华民国政府、解放区、中华人民共和国（包括港澳台地区）所发行的各种钱币，也有一些古钱币经营。

图2 航天纪念钞和丙申生肖猴纪念币

卡

磁卡类，原指中国使用最早的电话卡——田村卡，现已被 IC 卡替代。田村卡主要分为两种，一种是全国通用卡，由当时的国家电信局发行；一种是地方卡，由各省市地方电信局发行。很长时间内，邮币卡市场经营主要包括通用类田村卡、地方类田村卡、通用 IC 卡、地方 IC 卡，还有 20 世纪 90 年代与地方田村卡同期使用的各卡种联机卡。

◆ **发展趋势**

随着新科技的不断发展运用，各种磁卡类收藏品应运而生，现在邮币卡市场经营的范围包括各种田村卡、IC 卡、银行卡、公交卡、地铁纪念卡、邮票预订卡、上网卡、储值卡等。

2015 年诞生的邮币卡电子盘是以艺术收藏品为目标，打造线下实物在线上交易的平台。南京文交所钱币邮票交易中心是中国第一家邮币卡电子盘，随后全国有线下的邮币卡交易市场 62 个。

邮币卡电子盘将邮票、钱币、电话卡等实物证券化，进行网上交易。采取实物挂牌、实物提取的方式，将原本分散在现货市场的邮票钱币等收藏品集中分类，托管上市，定价发行。邮币卡电子盘颠覆了以前的传统交易模式，期望解决品相、保管、运输、资金、诚信、变现等实物市场交易的诸多问题。

实寄封

实寄封是指经过通信寄递后的信函封套或者其他有关邮政用品的总称。是贴上邮票后经邮政部门实际寄达的信封。

◆ **分类**

实寄封按其不同的功能和寄递方式，可分为平信实寄封、挂号实寄封、快件实寄封、特快专递实寄封、印刷品实寄封、航空实寄封、军邮实寄封、联行专用实寄封、收件人邮资总付实寄封等。还有各种特殊类别、特殊运送工具的实寄封，例如从与邮票内容相关的邮局寄出的原地实寄封，在铁路上递送的车递封，官方火箭邮件的实寄封，上过天的"太空邮袋"实寄封等。广义的实寄封还包括其他部门专设负责本系统内部信函传递的机构传递过的信封，以及邮票史前的邮驿封、车封、马封和民信局实寄过的信封等。

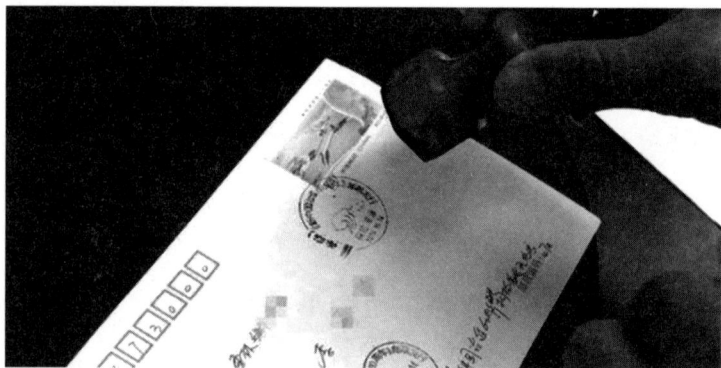

"港珠澳大桥"特别邮票首日封工作人员为购买《新中国治淮六十周年》首日实寄封的集邮爱好者加盖纪念邮戳

◆ **要素与作用**

经过邮政寄递的实寄封，一般贴有邮票或其他邮资符志、免费标志，盖有收信局日戳和投递日戳，有的有投递员章或工号戳。落地戳是盖在邮件背面的红色戳记，是实寄封的重要组成部分，记载邮件到达投递局的日期。从销票的日戳和落地戳上，可以了解一个邮件由甲地到乙地的邮寄时间。信筒开出的信件还有信筒号戳和其他各种戳记，或贴有邮政签条。

实寄封同时汇集了封、票、戳、签等邮政信息，对于研究邮政史和邮票史、印证有关事项的史实，有着重要的作用。重大历史事件时的实寄封具有特殊的收藏价值，例如，民国洪宪元年（1916）邮戳封现已成为珍品。集邮家姜治方收集到袁世凯称帝83天的洪宪元年封83件，记录了袁世凯称帝的那段历史。

首日实寄封是在新邮票发行首日，贴用该种邮票并盖有当日普通邮戳或纪念邮戳实际寄出的信封。由于首日实寄封具备信封、邮票和邮戳的同日同步性，是邮票发行日期的物证。

例如，中国第一套大龙邮票发行于1878年何月何日？由于史料不足，众说纷纭。只能依据已见最早大龙邮票实寄封判断发行日期上限为1878年7月24日，如果能找到一枚在此日期之前的贴有大龙邮票实寄封，这个问题就可能得到解决了。

实寄封在集邮品中占有非常重要位置。至2018年，国际邮展中实寄封的数量已占贴片的三分之一，有的已达二分之一。如果没有高质量的实寄封，很难在邮展中获得高分。

◆ 制作和收集的要求

①邮资符合。封上的邮票面额应按邮政规定的数额贴足，不应少贴或多贴，尽量一封一票。早期实寄封，由于邮票面值高，很多首日实寄封超资。这是历史原因造成的，无法苛求。近年来的实寄封，如果不符邮资，等同废品。

②邮戳齐全。封上的收信局销票戳、投递局落地戳要齐全,戳上的文字要清晰。销票戳需盖在邮票上。凡航空、挂号等实寄封应贴有航空或挂号标签,印刷品要有印刷品的戳记。

首日封

首日封是指在新邮票发行首日,将该套邮票的全套或单枚贴在特制信封、普通信封或纪念信封的右上角,加盖当日邮政日戳或特制的首日纪念邮戳的信封。

◆ 起源与发展

自邮票诞生以后,就出现了在邮政通信过程中自然形成的首日封。出于集邮目的专门邮寄的最早的首日封,是美国邮政于 1909 年 9 月 25 日发行赫德森·富尔顿 2 分邮票时,一位私营文具商为此专门制作的首日信封。这种做法到 20 世纪 20 年代在美国广泛传开。为邮票发行还出现了专门刻制的"首日发行"字样的邮戳,最早的是美国于 1937 年刻制使用。法国、德国、意大利、瑞典等国家在 20 世纪 40 年代初开始使用"首日"邮戳。

现存世界上最早的首日封是英国 1840 年 5 月 6 日开始使用《黑便士》邮票时寄出的信封,它是世界上第一枚邮票发行当天寄出的首日封,现存于英国邮政博物馆。新中国第一枚首日封是 1957 年 11 月 7 日发行《伟大的十月社会主义革命四十周年》纪念邮票时,由中国集邮总公司印制发行的。自此,中国集邮总公司开始系列发行纪、特邮票首日封。

图1　《伟大的十月社会主义革命四十周年》首日封

图2　第29届奥林匹克运动会会徽纪念邮票首日封

◆ **分类**

首日封有多种类型。按制作主体分，有官方首日封和自制首日封；按邮寄与否，有首日实寄封和首日销印封等；按所贴邮票种类分，有纪念邮票首日封、特种邮票首日封、普通邮票首日封、小型张首日封等；按邮票主题、信封图案、邮戳所在地是否一致或相关来分，有极限首日封、相关首日封。

◆ **作用**

首日封是邮票发行首日的记载，它与邮票密切关联，由邮政企业、集邮公司设计、印制和发行，也有集邮者自制的。首日封一般都印有与邮票有关的图案和文字说明，以加强邮票的宣传作用。首日封使邮票、邮戳、信封有机结合，相映成趣，具有较高收藏价值。

小型张

小型张是指将一枚或数枚邮票印在一张较大的纸上，在邮票四周的空白处一般印有相关文字和图案的小开张邮票。

小型张邮票图案有用原来该套邮票中的图案印制的，也有另外设计的。

小型张独立成"张"，通常与同票题全套票相伴发行，也有单独发行的；一般面值较高、票幅较大。早期小型张发行数量少，有的已成珍稀邮票，如中国邮政 1962 年发行的"纪 94"《梅兰芳舞台艺术》小型张。小型张规格是指包括边纸的全张尺寸，以横向尺寸×纵向尺寸表示，计量单位为毫米，其中邮票部分的票幅规格、计算方法与一般邮票相同。

中华邮政（1941）和解放区邮政（1947 年东北解放区）都发行过小型张。新中国发行的第一枚小型张是 1956 年 1 月 1 日发行的"纪 33M"《中国古代科学家》（第一组），一般每年发行小型张邮票 3 ～ 5 枚。图为 2012-19《丝绸之路》小型张。

《丝绸之路》小型张

小型张作为邮票中的一种特殊品种，由于邮票图案四周有更大的空间，使得邮票图案可以延伸扩展，或者印上与主题相一致的装饰图案，因而受到集邮者的欢迎。

小全张

小全张是指将全套邮票印制在一张较大的纸上的邮票。其枚数、图案、面值与同时发行的邮票完全相同，邮票四周饰以相关图案、花纹或说明文字。

小全张所印邮票的面值、图案、刷色与各单枚邮票相同。在出售时，一般按面值，也有高于面值出售的，但作为邮资凭证时，只能按原印的面值使用。小全张规格指包括边纸的全张尺寸，以横向尺寸 × 纵向尺寸表示，计量单位为毫米，其中邮票部分的票幅规格、计算方法与一般邮票相同。

中国第一枚邮票小全张是中华邮政 1941 年发行的《节约建国》小全张。新中国发行的第一枚邮票小全张是 1958 年 5 月 30 日发行的"纪47"《人民英雄纪念碑》。

《第 29 届奥林匹克运动会——运动项目》邮票小全张

小本票

小本票是指为方便用户携带使用，将同一题材的数枚相同面值或多种面值的邮票连印在一起，与封面、封底一起装订而成的小本册。又称邮票小册。

小本票是配有封面和封底并经过装订的袖珍邮票册，便于保存和随时取用。小本票上的邮票与原邮票的图案、面值、刷色均相同，只是由于装订裁切往往有一边或两边、三边无齿孔。小本票特别精美，本中的邮票一般与普通整版邮票分别制版，并带有附票；有的还包括小型张。小本票一般按面值出售，不加价。

1895 年，卢森堡最早发行了小本票。中国最早的小本票是 1917 年由中华邮政发行的北京一版帆船邮票小册。中华人民共和国成立后的首套小本票《童话——咕咚》发行于 1980 年。

图 1　中华人民共和国成立后的首套小本票《童话——咕咚》

图 2　1983 年 6 月 30 日发行的秦始皇陵兵马俑小本票

大版张

大版张是指由邮票印制厂印制完成后，经检验、打包，发送给邮政企业出售的整张邮票。

大版张是纪念邮票和特种邮票的基本版式。通常大版张四周都带有边纸，边纸上通常印有印刷厂铭、色标、制版铭、规矩线、印刷顺序号、成品检验号等，有时大版张边纸上还印有邮票名称、数值以及有关图案和其他文字等。大版张规格指包括边纸的尺寸，一般以横向尺寸 × 纵向尺寸表示，中国常见的大版张规格有 235 毫米 ×330 毫米、240 毫米 ×330 毫米、254 毫米 ×340 毫米。大版张多用于拆单零售。

2012 年《壬辰年》特种邮票大版张

极限明信片

极限明信片是指将有效邮票贴在图画明信片的图案上，并盖有相关地点邮戳的明信片。要求邮票图案、明信片图案与邮戳地名（或图案）三者之间达到最大限度的和谐一致。简称极限片。

极限明信片的三要素中，邮票是极限片的主体，必须是有效的邮资凭证，可以使用普通邮票、纪念邮票、附捐邮票等，不可使用欠资邮票、包裹邮票、预销邮票、印花税票、使用过的邮票以及失效邮政用品上剪下的邮资图。邮票只能贴在明信片有图案的一面。图画明信片片幅必须符合《万国邮政公约》的规定，画面部分不得少于片幅的 75%。明信片上的图案应尽可能的与邮票题材相符，但不得直接使用邮票放大图。明信片应尽可能选用早于邮票发行时间印制的，画片、照片、粘贴片不能用作极限明信片。邮戳要骑缝压盖在邮票与明信片上，邮戳图案和地名应与邮票图案密切相关，销票日期距邮票发行日越近越好。除普通邮政日戳外，临时邮局日戳、风景日戳、宣传日戳都适用。极限明信片不要

图1 极限明信片

求实寄，因此也不关注是否符合邮资。

早期的极限明信片产生于自然兴趣，以后就有集邮者刻意为之。20世纪50年代，波兰的M.海茨斯基等人曾大力提倡极限明信片，一时蔚然成风。此后极限明信片的收集、制作形成一个集邮门类。1974年，极限集邮类展品——单独以极限明信片表达主题内容的集邮展品，成为国际集邮联合会（FIP）竞赛性邮展的一个类别。这也是唯一一个全部内容是人为制作品的展品类别。

图2 "和谐海洋"多国海军活动系列纪念邮品

集邮纪念戳

集邮纪念戳是指为纪念与集邮目的而刻制使用的专门戳记。包含两类性质完全不同的戳与章：一类是纪念邮戳，一类是纪念印章。

◆ 分类

进入21世纪，中国各地各种纪念活动日益增多，印制使用纪念封、片非常普遍，大量刻制盖印各种纪念戳记随之而来。集邮者在收集的过程中，常遇到如何区分纪念邮戳和纪念印章的情况。

纪念邮戳

纪念邮戳是邮政部门为纪念某一重大节日、重大事件或邮票发行而专门刻制的一种带有纪念文字或图案的邮戳，具有邮资盖销功能。各级邮票公司为新邮票发行而刻制使用的首日戳也属于纪念邮戳的一种。按使用单位可分为常设邮政局、所和临时邮局使用两大类。全国性的纪念邮戳由全国性邮政经营管理单位设计式样，各省、区、市集邮经营单位刻制，发指定的邮局使用。地方性纪念邮戳由相关省、区、市邮政经营管理单位设计、刻制，发本地区指定的邮局使用。属于市、县范围的纪念邮戳，由相关市、县邮政公司设计式样，报请上级主管部门批准后刻制，只限在本市、县范围内使用。

为纪念重大事件的纪念邮戳只限于邮戳上所刻日期当天使用，停用后的一定时间内，应集邮者请求可继续盖销邮票。为发行新邮票的首日戳，从邮票发行首日开始，一个月内均可加盖，但逾期被盖销的邮票不能作为有效邮资凭证使用。

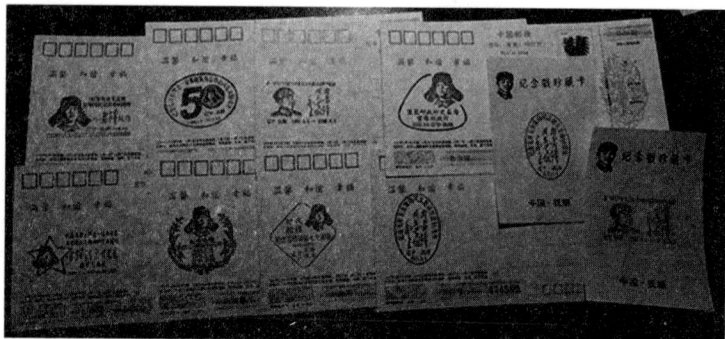

雷锋纪念戳

纪念印章

纪念印章又称纪念图章、纪念章。是由非邮政部门或个人刻制的形似纪念邮戳，但无销票功能的戳记。一般常见于集邮团体成立、举办邮展活动、企业开业、单位庆典、个人婚丧诞辰纪念时，加盖或印制在纪念封、片的空白部位或集邮纪念品上，起到宣传纪念作用。这类形状规格各异的纪念印章，盖在邮政凭证上则按涂污处理。

◆ 区别

纪念邮戳和纪念印章的本质区别在于：

①纪念邮戳属于邮政日戳的一种，邮政日戳是邮政企业处理各项业务的刻有地名和日期的特制专用戳记。邮政日戳是法律上的有效凭证，是受法律保护的，任何单位或个人不得伪造或冒用。纪念邮戳的规格、文字、图案及使用期限、保管期限等均有统一的规定，设计、刻制、使用都有严格的批准、备案、通告制度和手续。纪念印章是由非邮政单位或个人自行刻制的，不具有盖销邮票的邮政日戳功能。

②纪念邮戳属于邮政专用品之一，是有效的集邮品。国际国内竞赛类邮展规定，非邮戳不能选用。纪念印章虽属于民间的集邮创作品，但适应了社会文化生活的需要，因而作为集邮的纪念品或收藏品依然受到欢迎。

收集纪念邮戳和纪念印章可以从纪念封、片或实寄邮品上提取，也可以用戳卡形式盖销。

风景日戳

风景日戳是由风景名胜或纪念地所在地邮局使用的、刻有当地景观图案的邮戳。

属于邮政日戳的一种，既有盖销邮票的功能，又有宣传或纪念作用。

风景日戳为日本 1931 年首创，现已扩展到全世界。中国邮政 1985 年 7 月 27 日印发《邮电日戳印模规格标准与使用管理规定》，将风景日戳正式列为特种日戳，并对其规格标准和使用管理做出明确规定。风景邮戳为钢质、圆形，直径 32 毫米。戳面分为风景图案、日期字钉槽、地名三部分，有 0.3 毫米圆周线。风景图案要表现出该风景点的特色，以能盖出的图案戳印清晰为原则。风景图案和名称可放置在字钉槽的上端或下边。字钉槽不刻边框，字钉可只用年、月、日。戳面文字与日期均自左向右排列。地名需冠以省、自治区、直辖市名。1995 年 6 月 16 日，中国邮电部颁布了新的邮政日戳

风景日戳

规格标准，将风景日戳的直径改为 30 毫米，圆周线改为 0.5 毫米实线。中国邮政在各地的风景点已刻用了大量风景日戳，供旅游者和集邮者加盖使用。

邮 展

邮展是将集邮收藏与研究成果公开展示，供参观、鉴赏的一种活动。全称集邮展览。

◆ **发展历史**

邮展是集邮活动发展到一定阶段的产物。邮展发展历史是集邮史的

重要组成部分。

早期的邮展，无论非竞赛性或竞赛性，展出方式不尽相同，竞赛性邮展评比方法无统一标准。1926 年国际集邮联合会（FIP）成立后，于次年制定了邮展规则，后经多次改动、充实、完善，分别于 1987 年和 1992 年制定了 FIP 邮展总规则（GREX）和评审总规则（GREV）。一些国家的集邮组织参照 FIP 规则，结合本国具体情况制定了本国的邮展规则，促使邮展活动日益规范化。

世界邮展是 FIP 为推动全球集邮事业发展而组织开展的竞赛性集邮展览，是各会员组织广泛参与的一项综合性集邮文化活动。已在 50 多个国家或地区举办过世界邮展。1987 年以来，世界邮展几乎每年都举办两次以上。

中国最早有纪录的邮展是 1918 年在江苏常州举行的"邮票展览会"（竞赛性）。1957 年中国首次参加 FIP 支助的世界青年联欢节国际邮展。中华全国集邮联合会（ACPF）成立后，于 1983 年在北京首次举行全国邮展，1984 年首次参加 FIP 赞助的西班牙马德里世界邮展，1991 年制定了 ACPF 邮展总规则和评审总规则。

1999 年中华人民共和国成立 50 周年时，在北京举办了 1999 世界集邮展览，这是中国首次举办世界邮展（图 1、图 2）。

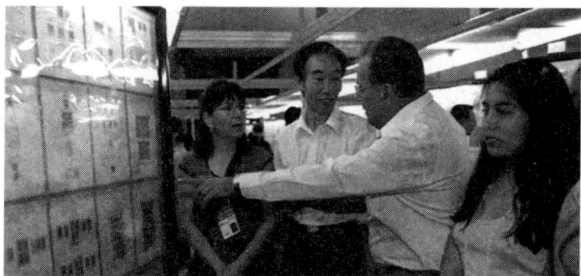

图 1　万国邮联第 22 届大会代表观看世界集邮展览

中国 2009 世界集邮展览在河南省洛阳市举办。

通过举办邮展可以丰富人民群众的文化生活，引导群众特别是青少年从事集邮活动；增强集邮爱好者的经验交流，不断提高集邮水平；选拔优秀邮票参加国际邮展，为祖国争取荣誉，增进与各国集邮界的交往。

图 2　中国 1999 世界集邮展览展出的邮票（九龙壁小型张）

◆ **分类**

按展览范围分

邮展类型分为国际、全国、地方、单位及个人等不同级别。①国际性邮展。包括世界邮展、国际邮展、地区邮展、多国或双边邮展、专门类别邮展等。②全国性邮展。包括综合性邮展、专门类别邮展、行业系统邮展、专业集邮团体邮展等。③地方性邮展。包括省、自治区、直辖市级邮展，省、自治区、直辖市联展及巡展，行业系统邮展，专业集邮团体邮展等。④各个企业、院校、机关单位举办的邮展。⑤以个人或若干人名义举办的邮展。

按展品性质与类别分

邮展展品的性质与类别分为非竞赛性、竞赛性，各不同性质、类别的展品在邮展中各自成为一体。①非竞赛性展品。包括荣誉类、官方类、评审委员类、友好交流性展品等。其中官方类展品指如下参展者的展品：邮政当局，邮政博物馆和邮票博物馆，邮票印刷厂，邮票设计者及雕刻者，非邮政系统的博物馆、纪念馆及其他机关部门、社会团体。②竞赛性展品。包括传统集邮类、邮政历史类、邮政用品类、航天集邮类（含航空和航天两类）、专题集邮类、极限集邮类、税票类、开放类、现代集邮类、集邮文献类、青少年集邮类。

◆ **陈列设施**

①邮展陈列邮集的框式用具简称展框。国际通用的展框规格主要有3种，分别可容纳国际通用贴片（215毫米×280毫米）12（4×3）页、15（5×3）页和16（4×4）页。展框有立地式和悬挂式两种。前者又有斜立的人字形和直立的屏风形之分。世界邮展和国际邮展的通用展框横长一般约为1米（高120厘米，宽100厘米），可容纳标准贴片16页。

②邮展陈列展品的专用玻璃柜简称展柜。用于陈列不适宜装入展框的展品，如书刊、资料及有关邮史实物、奖品及纪念品等。

◆ **机构及职责**

邮展机构常由组织、征集、评审等部分组成。组织者通称邮展组委会。其工作范围有：制定当届邮展的特别规则；负责与各参展单位、征集员、评审员、邮政部门及邮商的联系；确定邮展场地、参观办法；负责展品的收受、发还以及保险、保卫工作；印发资料和宣传品；管理财政与财务；接待有关人员，安排与邮展配合的其他活动，如学术研讨会、少年集邮讲座等。

◆ **评审**

邮展评审是竞赛性邮展中对展品得分和应获奖级的评定。由邮展评审员组成评审委员会负责，在 FIP 邮展中，以《FIP 集邮展览评审总规则》为工作依据。各类展品有各自的评审专用规则及其实施要点。

邮展对竞赛性展品按评审结果颁发不同级别的奖牌及证书，对非竞赛性展品通常颁发纪念奖或纪念品。

◆ **发展**

FIP 集邮方式与其展品体系的建立，本身就是一个不断拓展的过程，例如，从传统集邮类到专题集邮类、极限集邮类、现代集邮类，这是集邮方式的拓展。从单纯收集邮品到税票类、开放类集邮，允许非邮品素材创作邮集，这是集邮对象的拓展。

20 世纪末以来，在中国，邮展的方式与其展品也在不断创新发展，产生了文献集邮展、生肖集邮展、原地集邮展、网络集邮展、邮政附加费集邮展、新概念集邮展等新的展品门类。

第 2 章

邮政用品用具

邮政用品用具是指进入邮政通信网中使用的具有国家标准、行业标准或其他影响邮政通信全网运行效能的各类信封、 明信片、专用包装用品、 邮筒、日戳（见邮戳）、过戳机、 邮资机、条码生成器等。

◆ **种类**

①专用包装用品。包括邮件包装箱和邮件包装袋。邮件包装箱是用于包装邮件、具有一定刚性和韧性的直方形容器，有12种规格，材质有双瓦楞纸、单瓦楞纸、钙塑瓦楞纸和聚乙烯中空板等。邮件包装袋有气垫膜包装袋和塑料编织布包装袋两种。

②过戳机。是在信件上自动加盖日戳戳记的设备，主要用于进口信件盖投递日戳、出口信件盖水波纹销票及日戳，具有自动供信、自动过戳、 光电计数、显示和卡塞自动停机等功能。 处理速度为1.4万～2万封／小时。可

过戳机

以处理厚度 6 毫米之内的标准尺寸信函。

③条码生成器。是指按照一定规则形成条码并打印在特定载体上的软件与硬件的统称。在邮政企业，其软件部分一般集成在邮政生产信息系统中；其硬件是邮政用条码打印机，可打印国内给据邮件条码、邮件盛装容器标牌用条码等。

◆ **监督管理**

在中国，国家邮政局负责全国邮政用品用具的监督管理工作；省、自治区、直辖市邮政部门根据国家邮政局的授权，负责本行政区域内邮政用品用具的监督管理工作。邮政用品监制产品目录由国家邮政局制定并发布。

生产邮政用品用具的企业（简称生产企业）应当具备的条件：①具有企业法人资格；②具备生产相应产品的生产场地和设备；③有健全的质量管理和质量保证体系、具备一定素质的管理人员。属于特种行业管理的还应具有相关主管部门核发的生产许可证明。

经过国家邮政局生产条件审核和产品检测合格的企业，国家邮政局发放生产监制证书，并定期向社会公布取得生产监制证的企业名录。根据不同产品的性质，生产监制证书有效期为二年或三年。邮政行业管理部门对通过生产监制的生产企业进行年检，未通过年检的生产企业不得继续生产邮政用品用具。

对带有"中国邮政""邮政特快专递""EMS"等邮政专用名称或邮政专用标志的邮政用品用具，已实行生产监制的，生产企业只能将产品提供给邮政企业；未实行生产监制的产品，生产企业未经邮政企业的委托，不得擅自生产。非邮政企业不得经营带有邮政专用标志的用品用具。任何单位和个人不得伪造、冒用带有邮政专用标志的用品用具。

信　封

信封是邮寄信函时用以封装书面通信内容和文件的纸质封套。

◆ **发展历史**

古代通信并没有固定格式的封套。中国秦代是用竹简写信，用绳捆扎并"封之以泥"。唐朝文化鼎盛时期，曾出现竹简套装或用纸包装的信件。世界其他国家也曾有用瓶装信、用蜡封装信件的记载。1840 年以后，英国书商布鲁尔根据当时使用的信纸尺寸设计并制作成了现代横式信封。由于书写习惯，中国长期使用直式信封，1949 年以后逐步改用横式信封。

◆ **分类**

在邮政通信中大量使用的信封有普通信封、美术信封、大型信封和国际信封。邮政部门根据不同业务的需要印制有邮政快件信封、保价信封、特快专递信封、商函信封和礼仪信封等，供用户办理相关业务使用。在信封正面右上角印有邮资凭证图案的信封是邮资信封，分为普通邮资

2014 年《保护消费者权益》特种邮票发行首日封

信封、纪念邮资信封、特种邮资信封、贺年邮资信封、礼仪邮资信封、形象宣传邮资信封等。邮资信封由邮政企业统一印制发行，其他单位和个人均无权印刷发行。

按照国家标准规定的尺寸、规格及各项要求印制的信封称为标准信封（见表）。

中国标准信封的品种规格表（单位：毫米）

品种	代号	规格		公差	备注
		长 L	宽 B		
国内信封	B6	176	125	±1.5	C5、C4 信封有起墙和无起墙两种。起墙厚度不大于 20 毫米
	DL	220	110		
	ZL	230	120		
	C5	229	162		
	C4	324	229		
国际信封	C6	162	114		
	CL	220	110		
	C5	229	162		
	C4	324	229		

注：230 毫米 ×120 毫米规格的信封一般适用于自动封装的商业信函和特种专用信封。

◆ 技术要求

中国标准信封的技术要求：①一律使用横式；②国内信封正面左上角印有红色邮政编码框格，右上角印有"贴邮票处"字样的虚线框格；③信封背面右下角印有信封的印制单位、出厂日期、数量、监制单位和监制号。

信封生产监制工作由各省、自治区、直辖市邮政分公司负责。印制信封的企业必须严格按照国家标准组织生产，加强质量管理，接受邮政分公司监制。

对信封的收集与研究是集邮活动的一个组成部分。

邮 戳

邮戳是指邮政企业处理各类业务的刻有地名和日期的特制专用戳记。又称日戳，简称邮政日戳。

每一枚邮戳都代表着一个邮件处理环节，邮政营业网点收寄邮件时加盖的邮戳叫"盖销戳"，投递局（所）在到达邮件上加盖的邮戳叫"落地戳"。世界上第一个有日期的邮戳，是在 1661 年由英国邮政总局局长 H. 比绍普（Henry Bishop）发明的，是一种表明邮件经办月日的圆形戳，世称"比绍普邮戳"。

邮政日戳分为普通日戳、风景日戳、过戳机日戳和邮资机日戳。普通日戳戳印分为上、中、下三部分，上部为地名信息或邮路信息；中间为时间信息，"年、月、日、时"按其顺序从左向右排列；左下部为机构信息，右下部为业务信息和日戳序号。普通日戳包括直径 25 毫米和 30 毫米两种规格，少数民族地区日戳直径为 30 毫米，加刻当地少数民族文字（图1）。过戳机日戳可附加水

图 1 少数民族地区日戳

波纹，为5条水平排列的正弦曲线（图2）。邮资机日戳如图3所示。

邮戳用于加盖在邮件封皮、各类业务单据和经中国邮政集团公司

图2　过戳机日戳

图3　邮资机日戳

特准加盖的其他单式、凭证上，主要用途有：①盖销邮资凭证，表明该邮资凭证已经使用；②表明邮件收寄与投递日期及全程时限；③确认邮政企业与用户以及局内各工序之间时限段落责任；④是单位或个人交寄邮件或交汇汇款日期的法律责任的凭证，例如，以邮戳为凭等作为截止日期的有效凭证；⑤是邮政用户拥有权利的时效凭证。

另外，邮戳也是研究邮政发展和集邮收藏的重要项目。

邮资机

邮资机是直接在邮件上加盖日戳和邮资戳记，并且具有记账和结算

功能的自动化邮政收寄设备。

1920 年，由两个美国人发明了邮资机。1937 年，中国首次在上海使用手动邮资机，20 世纪 80 年代初期，中国进口了几百台邮资机，配置在全国各大中城市主要邮局。1998 年，中国研制出第一台国产邮资机，2002 年，中国自主开发研制出高速邮资机，处理速度在 2.1 万件/小时以上。

邮资机由底座及资费表头两部分组成。底座主要由电机、供信及传送装置构成；资费表头主要由计数器和过戳装置构成，主要功能：累加、累减计数，打印

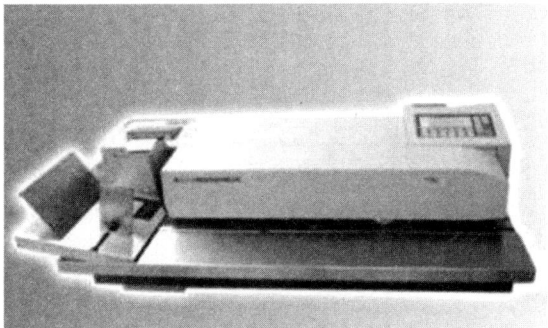

邮资机

日戳戳记、邮资已付戳记和宣传戳记，邮件的统计和记账等。此外，邮资机还有一些附件，如自动供信装置、信封封口装置、供签装置、集信装置等可供选配。

邮资机能直接收寄国内外平常、挂号信函，国内平常、挂号印刷品等邮件。对于超大邮件，邮资机可打印出资费签条，直接粘贴在邮件上。邮资机可放在邮局营业窗口和大宗邮件收寄柜台使用，也可向用户出租，定期收取资费。邮资机在国外是办公设备的一种，一般由用户向代理商购置或租用，邮局仅负责发放使用许可证和管理表头，按时收取资费。

用户使用邮资机后，有利于加强本单位邮费的控制与管理，可提高企业的形象与信誉，同时邮件可直接进入邮政部门的分拣环节，加快邮

件处理速度，保证邮件传递时限。

使用过的邮资机邮资封及邮资标签封，也是一种集邮品种。

邮政专用标志

邮政专用标志是指邮政企业专用，表明邮政特征，便于公众识别的颜色、符号、图案等。是中国邮政鸿雁徽标及中文专用、英文专用字组合形成的图形。邮政专用标志代表中国邮政集团公司。

大清邮政前期，受到英国的干预，按英国人的规定，邮政制服为青色，施以红色边饰。1905年法国人接替英国人管理大清邮政，改用绿、黄两色作为邮政专用色，并以绿色为主要色调，黄色作为点缀。中华人民共和国成立后，在第一次全国邮政会议上决定继续采用绿色作为中国邮政专用色彩。

中国邮政专用标志（图1）包括中国邮政鸿雁徽标、中文标准字"中国邮政"和英文标准字"CHINA POST"。中国邮政的标准色为绿色，辅助色为黄、灰、白、黑4种。

图1　中国邮政专用标志

中国邮政专用标志是中国邮政的品牌，代表邮政企业的形象。邮政支局（所）、对外营业单位都设置邮政专用标志。邮政企业的车辆、飞机、船只、邮筒、信箱及邮政专用的邮袋、信报兜等都标有邮政专用标志（图2、图3）。邮政营业员和执行外勤的邮政投递员、邮件转运员都穿着标志服并佩戴邮政专用标志、证章。

图2　自行车横杠上的中国邮政标志

邮政专用标志具有法律赋予的权威性。《中华人民共和国邮政法》第二十八条规定：带有邮政专用标志的车船进出港口、通过渡口时，应当优先放行。带有邮政专用标志的车辆运递邮件，确需通过公安机关交通管理部门划定的禁行路段或者确需在禁止停车的地点停车的，经公安机关交通管理部门同意，在确保安全的前提下，可以通行或者停车。第三十八条规定：任何单位和个人不得冒用邮政专用标志，不得非法拦截、强登、扒乘带有邮政专用标志的车辆。

图3　邮政运输车上的邮政专用标志

邮　徽

邮徽是指邮政企业的专用徽志或徽标。

1896年，大清邮政受时代局限，尚不存在徽标的概念，当时能起到徽标作用，并被民众记忆的是邮差服装上的圆形布贴，由圆形勾边和

图1　大清邮政邮差服装上的圆形布贴

"邮政局邮差"字样组成（图1）。1921年，中华邮政总局正式制定颁布了"嘉禾飞雁"邮政徽志，这是中国最早的邮徽，其图案由嘉禾、飞鸿、国旗等元素组成。1930年，当时的交通部重新制定邮徽，图案为白底、蓝色圆环、内置红色正方形篆体"邮"字，此标志在中国台湾地区沿用至今。中华人民共和国成立后，最初没有制定邮徽。1951年6月8日，《邮电部公报》公布邮电职工证章图案，由红底、黄色圆环和五角星样式组成，五角星中间为"邮电"，全部图案表示"人民邮电"。1965年3月，邮电部公布邮电徽标，图案为邮筒和听筒共同组成的"电"字，传达出邮电的含义。1981年6月，邮电部将1951年《邮电部公报》公布的邮电职工证章图案确定为新的邮电徽标，并于同年7月1日正式启用。

1996年9月，在中国邮政开办100周年之际，中国邮电邮政总局对外公布了中国邮政企业徽标。徽标图案是用中国古写的"中"字与邮政网络的形象互相结合、归纳变化而成，其中融入了翅膀的造型，使人联想起"鸿雁传书"这

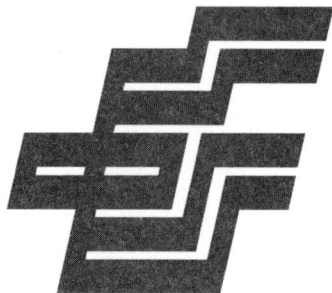

图2　中国邮政徽标

一古代对于信息传送的形象比喻。徽标造型朴实有力,以横与直的平行线为主构成,代表了秩序与四通八达;稍微向右倾斜的处理,表现了方向与速度感(图2)。

邮 旗

邮旗是指专供在运邮船舶和指定的运邮车辆上悬挂的邮政专用旗帜。

中国邮旗最早是1919年2月7日由中华民国政府公布制定的。邮政旗帜缀有国旗图案一幅、飞鸿一只,并在国旗图案之下,书一"邮"字及英文"POST"字样。1940年第二次制定邮旗。邮旗由绿色布料制成,上绘白色盖销机戳纹。右上角内嵌一正方形"邮"字。

1957年,邮电部规定,邮旗有四种规格,各有编号和用途。邮旗编号、用途、规格见下表。

邮旗编号、用途和规格表

编号	用途	规格		备注
		宽/米	高/米	
第一号	海轮用	2.40	1.60	
第二号	江轮用	1.80	1.20	邮运汽车或马车如需挂邮旗,可以挂用
第三号	内河轮用	1.50	1.00	第四号邮旗
第四号	木船用	0.75	0.50	

凡自备汽车,车身已绘有邮徽及标明中国邮政字样,一般不悬挂邮旗。任何单位和个人不得伪造和冒用邮旗。

邮旗规定为三角形，旗身用邮绿色布缝制，旗的中部印有"邮"字样，旗筒用白布制作，以便套管或穿绳（见图）。

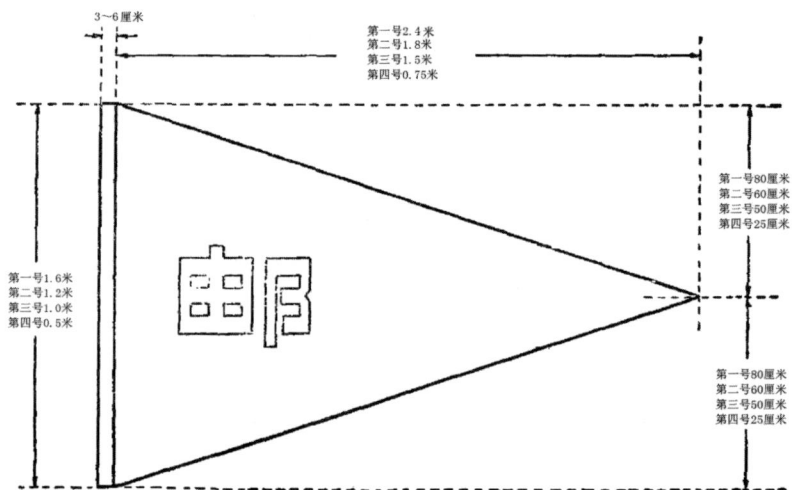

邮旗示意图

第3章

邮政快递技术装备

邮政牵引车

邮政牵引车是指安装有牵引连接装置，用于牵引载有邮件的专用工业机动车辆。为邮件运输、传送、搬运提供牵引动力。

牵引车一般在行驶前端实现牵引行驶，俗称"车头"，被牵引部分在"车头"后面，俗称"挂车"，挂车靠牵引车拉动行走。牵引车可以脱离原来的挂车而牵引其他的挂车，而挂车也可以脱离牵引车被其他的牵引车牵引。这样使得牵引车和挂车之间可根据需要随时分离，牵引车可以不中断工作，继续牵引其他挂车。牵引车和挂车的连接方式有两种：第一种是挂车的前面一半搭在牵引车后段上面的牵引鞍座上，牵引车后面的桥承受挂车的一部分重量，这种连接方式称之为半挂；第二种是挂车的前端连接在牵引车的后端，牵引车只提供向前的拉力，拖着挂车走，但不承受挂车向下的重量，这种连接称为全挂。

◆ **发展沿革**

牵引车的历史几乎和汽车发展历程同步，汽车发明使用后不久即被应用于牵引火炮。19世纪前期，英国和法国技术人员不断改进汽车结构，使之能牵引运送旅客的车厢。1860 年前后，出现了矿石牵引车，之后有轨牵引车促进了牵引车的发展，很快出现了汽车牵引的列车等。20 世纪 20 ～ 30 年代，汽车发展进入一个新阶段，牵引车逐渐分化为各种专业车辆。现在有 500 种以上的专业牵引车。邮政牵引车就是其中一种。

◆ 类型和应用

按输送功能，邮政牵引车分为邮路运输用牵引车（图 1）和邮件处理用牵引车（图 2）。

邮路运输用牵引车。用于邮路中的半挂车或全挂车的"甩挂"牵引。牵引车可以将所牵引的挂车甩下而去牵引下一挂车，这就是甩挂运输。邮路牵引车动力多为内燃式。

邮件处理用牵引车。用于邮件处理场所或场所（地）间拖车或邮件集装笼牵引，一般为"全挂"。邮件处理场所牵引车动力有内燃式和蓄电池两种。内燃牵引车动力大、能源补充快，多用于室外批量运输，如机场、站台牵引车。蓄电池牵引车高效、可靠、无废气排放、无尾气引发安全隐患、噪声小、操控方便，多用于室内邮件处理场所或室外场地之间邮件传送、搬运。邮件处理场所牵引车可牵引一个或几个装载邮件的小车，牵引车和挂车间形成列车，即可实现批量运输，也能实现甩挂，具有迅速、机动、灵活、安全等优势，可方便地实现区段运输。

邮政牵引车应和"挂车"相匹配。邮路牵引车允许总质量为 30000 千克和 20000 千克两种号型，随着网运要求的变化可按照国家车辆相关标准灵活调整；蓄电池动力牵引车额定牵引质量不小于 1000 千克，行驶速度一般为 0 ～ 16 千米 / 小时。

图1 邮路运输用牵引车

图2 邮件处理用牵引车示意图

邮政汽车

邮政汽车是根据国家法律规定从事邮件运递的专用车辆。又称邮政专用车、邮政自备车。

◆ 发展历程

在汽车出现以前，邮件运递靠马车和信使。世界上最早的邮政汽车，是 1897 年 10 月 17 日，英国的不列颠发动机辛迪加公司给邮电部门提供试用的戴姆勒汽车，开始试验运输信袋和包裹。1898 年 6 月 17 日，苏格兰韦斯特汽车公司生产的一辆戴姆勒 4 轮邮政汽车，开始试验投送邮件。随着汽车性能的不断提高，邮政汽车从 20 世纪初开始，逐步取代了信使和马车，成为邮件运输和投送的主要工具。

中国邮政早期的邮运包括步行、自行车、手推车、兽力车等载运方式。邮运人员每天行走里程，一般步行每日约 30 千米，自行车约 60 千米。人力邮运艰苦而凶险，在 20 世纪 30 年代《我国之邮差运输》文中曾这样描述："邮差备尝万苦千辛，忠诚服务，具有卓然可观之成绩。虽其服务之地方，盗匪充斥，军队横行，仍能仆仆道径，冒险不顾，具有饱尝兵匪等之鞭笞虐待，甚或以保护所运之邮件，而遭杀害者。"1917 年，上海邮政开始用汽车取代马车，使用汽车运邮，这既提升了速度，也增加了邮运人员和邮件的安全性。

邮政汽车是中国邮政主要的邮件运递方式，但在偏远或特殊地区，仍然还有人力或牲畜邮运邮件的方式，个别地域可能会长期存在。

◆ **规格和分类**

分为整体厢式（图 1）和分体厢式邮政汽车（图 2）。整体厢式邮政汽车主要用于投递、机要通信、流动服务等；分体厢式邮政汽车主要用于长途邮件运输、市内转趟或局站驳车，其车厢与驾驶室各自独立。整体厢式邮政汽车允许总质量范围为 500 ～ 1500 千克，常见有 2.4 升排量面包车、2.0 升排量以上运动型多用途汽车（SUV）车、2.0 升排量面包车、1.3 升排量微型面包车等。常用分体厢式邮政汽车载重量有

1500 千克、2750 千克、5000 千克、8000 千克、10000 千克、12000 千克 6 种号型。邮政汽车的动力多为内燃式，但新能源汽车已经开始用于投送邮件业务。

图 1　整体厢式邮政汽车

图 2　分体厢式邮政汽车

◆ **使用规范**

应符合邮政专用汽车技术条件标准和运行规定。邮政汽车实行三统一：车型统一、颜色统一、标识统一。邮政汽车必须印有符合中国邮政集团公司制定的《中国邮政企业形象管理手册》中"邮政专用标志"。该标志包括"中国邮政"字样和邮政徽标或邮政特快专递业务徽标等要素。邮政汽车车体所用绿色为邮政标志色，所用黄色为邮政辅助色，均应符合相关的规定。

《中华人民共和国邮政法》规定："有邮政专用标志的车船进出港口、通过渡口时，应当优先放行。带有邮政专用标志的车辆运递邮件，确需通过公安机关交通管理部门划定的禁行路段或者确需在禁止停车的地点停车的，经公安机关交通管理部门同意，在确保安全的前提下，可以通行或者停车。"赋予邮政汽车有一定的行驶特权。但是，邮政汽车也必须遵循"邮政企业不得利用带有邮政专用标志的车船从事邮件运递以外的经营性活动，不得以出租等方式允许其他单位或者个人使用带有邮政专用标志的车船"的相关规定。

邮　船

邮船是邮政部门组织运输邮件并兼顾运送旅客旅行游览的船只。又称邮轮、远洋邮船。

◆ 诞生

在邮递服务的初期，洲际间的邮件运输依靠邮船，英国邮船要求悬挂英国皇家邮政的信号旗。1850 年以后，英国皇家邮政允许私营船务公司以合约形式，帮助邮政部门运载信件和包裹。因此，原本只是载客船务公司旗下的载客远洋轮船，成为悬挂信号旗的载客远洋邮务轮船。"远洋邮船"一词因此诞生，也被称为"邮轮"。在航空运输兴起以前，国际邮件主要委托航行在固定航线上并定期启航和按时到达的大型"远洋邮船"来承运。

专业从事邮件运输的船只有沿海客货船和内河客船，挂"邮旗"。1906年，中国使用自备机动船运递邮件。1919年，开通上海至汉口当时最长的邮船邮路。20世纪中叶后，中国自备机动邮船和委托邮船并存，设立沿海水上邮路，形成在全国范围内水陆空邮政运输网。但是，随着公路交通发展和汽车邮路延伸，加上水上邮路运行速度低和受气象等因素影响，中国邮政水上邮路逐渐减少，现基本被公路或航空取代。

◆ **发展演变**

邮船有100多年历史。19世纪初，由于飞机技术还不成熟，邮船是运输远洋旅客和跨洋邮件运输的主要交通工具。19世纪中叶，远洋邮船的航速可达16节，7天可横渡大西洋；19世纪末，船航速达20节；1935年，近8万吨邮船的平均航速超过30节。即使这样的速度，邮件在程时间依然较长，也限制了邮寄物品的种类。

随着航空技术的发展，洲际航线和远距离水上航行逐渐趋向航空运输。远洋邮船流失载客、载货功能的竞争力，跨洋邮件运输也转向航空运输。20世纪70年代，以承运旅客兼邮件的邮船基本消失。1985年，法国的"法兰西"号邮船退出大西洋航线，真正意义的邮船航海时代结束。

但是，20世纪中叶，随着经济的发展，出现了能够使人们纯粹娱乐而乘坐巨轮环游世界的需求。邮船逐渐演变成供旅客游乐的"游轮"，即在海洋中航行的具有旅游功能的客船，而不再是传统意义上的"邮船"，并渐渐称之为"邮轮"。20世纪后期，邮船完全转化成旅游的邮轮，并在欧洲多国形成了有影响的邮轮公司，在世界形成了国际邮轮协会（Cruise Lines International Association; CLIA），邮轮演变成国际旅游业的一个重要组成部分。

现代邮轮向大型化发展的同时，也在向舒适、豪华方向发展，其船上设施配置正向多样化的方向发展，除了酒吧、咖啡厅、免税商店、夜总会、健身中心、图书馆、会议中心、青少年中心外，还设置豪华赌场、游泳池、高尔夫球场练习场、保龄球馆、篮球馆、排球馆、滑浪池、攀山墙、滑冰场等大型设施。

◆ 主要类型

按照邮轮船型大小，可以将邮轮划分为大型邮轮、中型邮轮和小型邮轮。大型邮轮载客量一般在 2000 人以上，中型邮轮载客量一般在 1000 人至 2000 人，小型邮轮载客量一般在 1000 人以下。按照邮轮航行的水域，可以将邮轮划分为远洋邮轮、近洋邮轮和内河邮轮。远洋邮轮一般航程较长，航期在 10 天至 15 天左右，甚至更长；近洋邮轮和内河邮轮航程较短，航期一般在 7 天左右或者以内。

极地探险邮轮

2019 年 3 月 12 日，江苏南通，招商局工业集团极地探险邮轮 1 号船下水仪式暨 3 号船开工仪式在江苏海门基地隆重举行，此次下水的 1 号邮轮是招商局工业集团极地探险邮轮系列项目的首制船，也是国内自主建造的首艘邮轮，引领并驱动了国内船舶制造企业踏上"邮轮中国制造"新征程。

信函分拣机

信函分拣机是根据信件地址信息进行分类的系统设备。

◆ **发展历程**

信函分拣机发展经历了三个阶段，出现过三种类型的信函分拣机。

第一代分拣机采用人工按键分拣。1927 年荷兰制成世界上第一台设有五个席位的按键式信函分拣机。在 1960 年以前，人工按键式分拣机为信函分拣的主流设备，它的操作运行过程是：分拣员将阅读窗内的信件地址译成格口号数，然后按动键盘上相应的数字键，信函便进入传送系统，与格口信息同步分别向前移动；信函抵达确定的格口时，信息立即触发转辙器，启动格门，使信件进入格口。每台设备配置人工识别席位 4 ～ 6 个，甚至 12 个，每个分拣员的效率在 2000 ～ 3000 件 / 小时。

第二代信函分拣机采用人工标码、自动识别分拣。这种分拣装置出现于 20 世纪 50 年代末、60 年代初。当时研制的国家主要有德国、法国、比利时和英国。它把分拣工作分成两个阶段：先由人工识别分拣地址，并在信封的特定部位打印标码符号，之后进入具有识别标码设备的分拣机分拣入格，这种标码识别称为条码识别（OBR），识别效率可达 50000 件 / 小时。条码识别（OBR）的分拣过程是自动供件，识别系统代替人工阅读信件地址和键盘按动，实现全自动分拣。它的工作原理及流程是：通过拍摄信件上的条码，经过光电转换、条码阅读识别，把条码地址信息的含义转换为格口信息，控制器发出指令，通过传输和分路、落格，把信件放入代表邮政投递局的格口中。

第三代分拣机可直接代替人识别信函地址信息，信函地址信息可以是手写、打印的邮政编码和汉字，即字符识别（OCR）技术。其工作过程和标码后的信函 OBR 分拣方式基本相同。字符识别（OCR）分拣机实际分拣效率一般为 20000 ～ 60000 件 / 小时。

现常用的 OVCS 信函分拣机，是一种可实现字符识别和条码自动识别并可视屏人工补码识别的信函分拣机，是人机高度结合的信函分拣系统。

◆ **信函分拣机结构**

以现常用的 OVCS 信函分拣机为例。为了便于安装和运输，信函分拣机主机部分采用模块化结构，由主机（信函处理部分）、中央电子控制系统和视屏补码台三大部分，共 9 个模块组成。

OVCS 信函分拣机是集机械、电子、计算机、光学、人机工程学为一体的科技产品，其性能优越、结构紧凑、布局合理，是国际先进的信函分拣装置。随着信息技术和识别技术的发展，分拣地址信息可为二维码、电子标签（RFID）或手写的各类字符。

早期的信函分拣机自动分拣前需要把信函进行预处理，这个设备是理信机，主要把不适于机器分拣的超尺寸、超厚、太硬的信件以及信封内装有金属异物的信件剔除出来，并把写有地址、邮政编码和贴有邮票的一面整理出来，以便标码分拣系统的标码台和分拣机可以依次阅读信封上的邮政编码或地址，从而进行标码或分拣。现在信函理信机和信函分拣机综合为一体，称为"理分合一"信函处理设备。它一次供信可自动完成理信、标码、分拣全过程，处理能力为 30000 ～ 36000 件 / 小时，

信函分拣机

大大简化了信函处理工艺流程。

随着电信技术发展，信函业务急剧减少，原有信函分拣机工作任务不再饱满，分拣机在邮政企业的配置数量在逐渐减少。

◆ **适用分拣范围**

适用于信函分拣机的邮件主要是信函和明信片。信函和明信片尺寸范围要满足：长度 135 ～ 240 毫米，宽度 78 ～ 165 毫米，长宽比≥ 1.4，信函厚度 0.16 ～ 5 毫米，明信片厚度 0.14 ～ 0.3 毫米。

信函和明信片除尺寸要求外，还对信封和明信片格式、用纸、表面印刷、糊制等提出了要求。在信封背面框格内印制的"*** 邮政管理局监制"是通过监管保证信封的质量，为信函分拣机的上机分拣提供保障。

随着商函量在信函业务中的占比增加，其信函的封装标准化程度、地址信息的规范化程度显著提升，信函分拣机分拣效率也趋于稳定，一般能够达 90% 以上的上机率。

扁平件分拣机

扁平件分拣机是用于处理文件类、印刷品、纸包、非信函类信件等扁平邮件的设备。

◆ **种类**

由于扁平件种类多、轻重不一、规格复杂，扁平件分拣机分为面向印刷品、纸包等平刷类的扁平件分拣机和面向文件类的扁平件分拣机。文件类扁平件分拣机由于其封装比较规范统一，其自动化分拣程度越来越高。

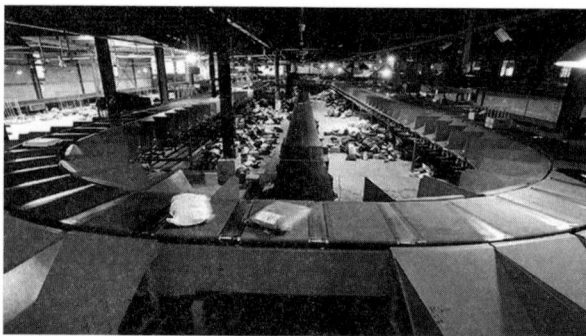

扁平件分拣机

扁平件分拣机有三种识别方式，即人工按键式、条码识别（OBR）、字符识别（OCR）。按结构分为交叉带式和斗式。交叉带式分拣机适用于包件和扁平件的分拣，斗式分拣机适用于文件类扁平件的专业分拣。

◆ **结构及性能**

扁平件分拣机主要由分拣控制系统、信息管理系统、人工供件模块、自动供件模块、驱动张紧模块、主传输模块、输出模块等构成。

控制方式为实时控制，其实时控制系统主要分为主机控制模块、全自动供件输入模块、人工供件编码模块、强电控制模块等。信息管理包括分拣作业管理、设备状态管理及物件信息管理。人工供件编码实现分拣人员键入格口码或邮政编码信息，把扁平件放入供件台，进入编码段，经传感器进行规格检测，不符合规格的物品被剔除，符合规格的物品经水平段加速，供入同步上件机。在自动供件输入模块，人工将已顺头顺面的扁平件整理齐堆放在供件台，由栏栅式隔板将扁平件向分离口推送，一般采用吸气分离，逐件地输入到传送通道中。强电控制驱动模块和张紧模块采用大链轮和免润滑小节距链条牵引传动技术。主传输模块主要是分拣单元斗和链条。输出模块采用气动开门机构。

扁平件分拣机各部分组成多为模块化设计，供件台和格口数量可根据各分拣任务需求进行配置，可根据需要调整；识别技术可选择低配置的人工按键识别，或自动化程度高的自动识别 OBR/OCR。人工按键识别多用于报刊或书籍邮件分拣，自动识别 OBR/OCR 多适用于文件类邮件。

◆ **分拣过程**

平刷类扁平件分拣机分拣工作过程与交叉带分拣机相似。

文件类扁平件自动分拣的工作过程是：扁平状扁平件在人工供件传输模块键入信息代码或自动供件输入模块进入自动识别 OCR/OVCS 阅读后，水平放置，加速传送至主传输模块汇集，并被送入驱动模块。扁平件经投入轮由水平放置转为垂直放置，并将高速输送来的扁平件传至低速运行的主机分拣斗格中。装有扁平件的分拣斗格在以大链轮驱动的链条牵引下将扁平件送到相应的输出格口，由启动机构开门、扁平件下落，经滑槽处直接落入邮袋或信盒，完成扁平件分拣。

◆ 适用范围

扁平件分拣机处理扁平件规格范围如下：

人工供件尺寸范围，长度：140～360毫米，宽度：60～260毫米，厚度：0.5～32毫米，重量：10～1500克。

自动供件尺寸范围，长度：160～350毫米，宽度：90～260毫米，厚度：0.5～25毫米，重量：20～1000克。

分拣能力大于18000件/小时。

包件分拣机

包件分拣机是将包件（包裹）按路向或地址分配并输送到相应格口的设备。

◆ 发展历程

1939年，英国投产试用第一台包件分拣机。到20世纪60年代，英、美、法、西德、日本、澳大利亚、苏联及西欧其他国家，陆续投产了平带式、斜带式、托盘式、托板式、旋转式和链斗式、堆块式、链板式、交叉带式等多种形式的包件分拣机。60年代后期，很多国家都投入科研力量，进一步改进包件分拣机的基本性能，提高自动化水平。到70

包件分拣机

年代初，解决了多席位自动供包技术，并把链式分拣机的速度不断提高。在日本、美国和西欧的一些国家，投产了可处理 5000 ～ 10000 件 / 小时包件的托盘式和托板式高速分拣机。

中国邮政自 20 世纪 70 年代，开始筹建邮政枢纽，引进自动分拣设备，首选设备是包件分拣机，因其分拣速度快、效率高、差错率低、操作简单等特点，提高了分拣效率，减轻了劳动强度，提高了分拣质量。同时，中国邮政科研部门加快了分拣设备自主研发，尤其在 80 年代后，在不断吸收国外先进经验，紧跟世界先进技术基础上，根据需求开发出多种包件分拣设备，如（包件、扁平件）混合分拣机、双层分拣机等，并已具有相当的水平，有的已达到世界先进水平。2015 年后，在全国邮件处理中心安装使用了双层包件分拣设备。该设备在分拣能力方面，更好地适应了包件范围；在结构布局方面，双层分拣，更好地利用了空间。同国外的自动分拣技术相比，中国邮政的自动分拣技术更符合自身的特点，针对相同的功能具有更低的价格等。

◆ **分类**

包件分拣机要面向除函件类外的所有寄递物品。为了满足各类物品分拣，出现了不同类别的包件分拣机。

按照分拣的程度，分为包件粗分机和包件细分机；按照传输方式，分为带式分拣机、链式分拣机；按照包件承载形式，分为托盘式分拣机、交叉带式分拣机；按照分拣识别技术，分为人工识读分拣、半自动分拣、自动化分拣；按照布局形式，分为直线型和环线型。

◆ **结构及性能**

包件分拣机主要有供包、识别、输送、分类（道）或分格、控制、信息管理等功能。主要由六大部分完成：一是供包系统。主要的功能是将要分拣的包件传输到供件系统。二是供件识别系统。对从输送系统传输过来的包件进行信息识别并准确地将包件送到主分拣线中。三是输送。将从供件系统接到的包件运送到指定的位置准确卸下。四是格口。存放从主分拣线卸下的包件。五是主控系统。对从前输送到格口进行整体控制。六是信息管理系统。通过信息管理系统，能对分拣数据进行最大利用，真正实现自动化分拣，指导作业生产和管理。

识别技术是包件分拣机的关键技术。包件分拣机现主要有三种识别方式，即人工按键式、条码识别（OBR）、字符识别（OCR）。此三种识别技术差异性很大，对设备的构成、造价和性能指标都有重要影响。

随着物流业整体的发展，包件分拣机的应用领域越来越广泛，正在迅速向生产和流通领域普及。其技术集光、机、电、信息于一体，在上件、识别、同步、信息处理、高速、低噪、入格、时效、容量等关键技术上不断改进，正在向更高的自动化和智能化方向发展。

交叉带分拣机

交叉带式分拣机是用与运动方向相互垂直的胶带小车来承载和落包的包件分拣机。

◆ 结构及性能

交叉带式分拣机由供包机构、地址识别、带式小车、格口滑槽、驱动装置、牵引部分、张紧装置、控制系统等组成。分拣的关键技术是识别技术，交叉带式分拣机可人工按键识别，可人工扫描，也可自动化识别（条码 OBR、字符 OCR 识别）。

分拣过程是：供包台供包，可人工供包、半自动供包和自动供包，供包经过识读工作台后进入主输送机上，主输送机上载有小型带式输送机的分拣小车（简称"小车"），当"小车"移动到所规定的分拣格口位置时，启动带式输送机，完成把包件分拣送出的任务。

◆ 分拣小车

交叉带分拣机和其他类型分拣机的不同主要体现在分拣小车上。分拣小车包含两大部分，一是运行小车，沿主轨道运行；二是承载小车，结构为小型带式输送机，承载包件。分拣小车在接近邮件地址的格口时，以垂直于主轨道运行的方向横向运动，使货物移动到顶端，脱离胶带而滑落到滑槽落入格口，实现卸载包件。

运行小车的速度影响着分拣能力。其速度越大，分拣效率会越高。

但是考虑到包件上包、卸包和运行中的稳定性和安全性，运行小车的速度不宜过高，需要整体系统设计，提升整机性能来提高分拣处理效率。

承载小车可有多种规格尺寸，可适应大小不同规格的包件，但一般最长边不超过 850 毫米，限重不小于 0.1 千克，不大于 35 千克。尺寸超过 850 毫米的包件，分拣机可自动控制提供相邻两个小车共托，但是，重量超过 35 千克一般要报警。

◆ **技术特点**

自动化交叉带分拣机能够根据承载小车上不同包件的大小、位置及重量做出不同的调整。对于较轻的包件在分拣动作中，承载小车的皮带启动加速度会减小，以降低滑移的产生。对于物品较小又位于小车中心位置的包件，则在分拣动作中提前启动皮带，以保证物品能准确下落到对应格口。

交叉带分拣机可分拣包件的范围广，其主运行线架空，节省地面，并且以较小的分拣小车单元间距将生产量最大化，与其他分拣机相比产生的噪声低。缺点是造价比较昂贵，维护费用高。

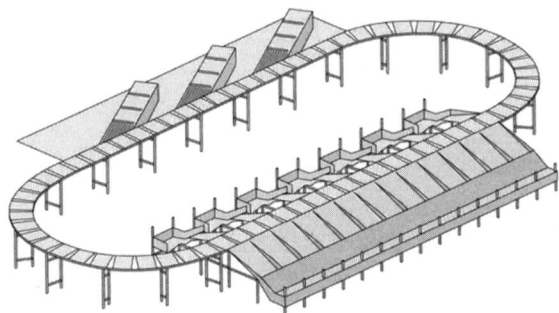

图 1 交叉带分拣机示意图

图 2　双层包裹自动分拣机

交叉带分拣机分拣效率因设置供包台席数、识别方式、主输送机速度等配置不同而有差异，一般在 6000 ～ 12000 件 / 小时，已有 16000 件 / 小时。机场行李分拣和安检等系统多采用交叉带分拣机。另外，中国邮政科研部门已经研发出双层交叉带分拣机，并多点供包，分拣效率成倍提升。

托盘分拣机

以托盘为承载方式的包件分拣机。是继胶带传输机后运载工具（托盘）首次单元化的分拣机。

托盘式分拣的发展经历了很长的过程，且随着工程技术的发展以及应用需求的不断更新，其控制技术、分拣原理以及性能指标等各个方面还在不断发展中。

◆ 托盘类型

依据托盘形式，分为平托盘式分拣机（图 1）和 V 形（又称鸥翼形）托盘式分拣机（图 2）。

平托盘式分拣机和 V 形托盘式分拣机的结构基本相似，都是用

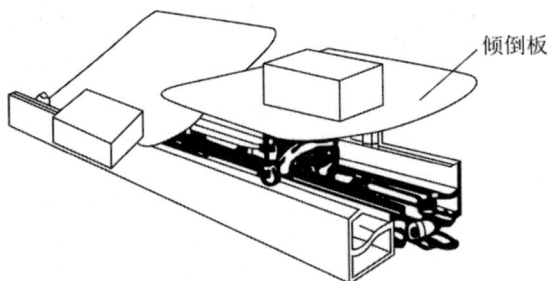

倾倒板

图1 平托盘式分拣机

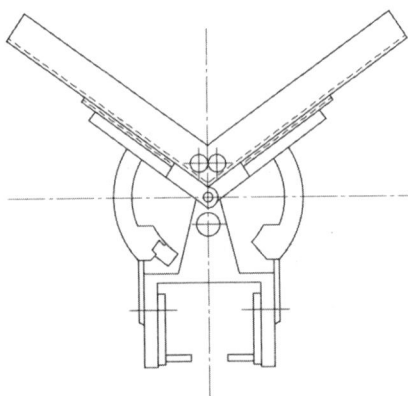

图2 V形（鸥翼形）托盘式分拣机

链条牵引的走动托盘作为载运工具，但平托盘式分拣机的托盘呈微倾平面形，适合于扁平件和形状规则的包件。V形托盘式分拣机的托盘由左右翼片铰接成V形，适合于桶状、卷状以及环形不规则的包件。平托盘结构比较复杂，卸包速度慢，提高分拣速度有困难。V形托盘结构简单、合理，加工方便，包件重心易集中，卸包快、准确，适应高速分拣。

◆ 结构及性能

主要由供包、地址识别、托盘小车、倾翻机构、格口滑槽、回位总成、驱动装置、牵引部分、机架、张紧装置、控制系统等部分构成。其布置形式有直线形分拣机和环形分拣机。

托盘分拣机和交叉带分拣机类似，由多个等节距的托盘小车组成闭环输送分拣系统，由置于轨道总成中的驱动模块进行主传输，运行速度大于 0.5 米 / 秒，在小车循环运行的过程中实现将包件送往预先设定目标分拣口的功能。每个包件占据一个托盘，在到达目标分拣口时，系统启动并带动小车翻盘使包件滑入到槽中。其卸载包件和交叉带有一定的区别。托盘分拣机主传动线两侧设有格口，每一格口设一个控制凸轮。载运包件的平面托盘到达格口时，如果左边的凸轮升起使托盘向右倾斜 30°～ 35°，包件就从托盘滑落到右边格口；如果右边凸轮升起，包件则滑落到左边格口。V 形托盘当凸轮升起时，只有面对指定格口的翼片翻落，托盘形成一个倾斜面，使包件滑落到格口内。托盘分拣机有高速和低速之分，又因设置分拣席位不同而分拣效率不同，一般高速分拣可达 9600～ 14400 件 / 小时，低速分拣可达 1800～ 2160 件 / 小时。

早期，托盘式分拣机在邮政、物流、烟草等领域得到广泛应用，但是由于其噪声大、分拣速度提升受限，逐渐被交叉带分拣机代替。

胶带传输机

胶带传输机是一种以摩擦驱动、连续运输物料的机械装置。又称带式运输机、胶带运输机。主要由两端滚筒及紧套其上的闭合输送带组成。常见形式有通用固定带式输送机、可伸缩带式输送机。

◆ **发展历程**

1868 年，胶带传输机首次在英国投产试用。随着胶带传输机不断演化，其结构越来越完善。它可以进行粉状、颗状物品物料的输送，也可以进行成件物品的输送，还可根据生产流程中的工艺过程要求，形成有节奏的流水作业生产线、拣选线、分拣线等，它也是常见的装卸搬运设备。

◆ **结构及性能**

常见的通用胶带传输机主要由驱动、输送胶带、机架、托辊、滚筒及制动、张紧、改向、装载、卸载辅助部分组成。

胶带传输机多为交流电机驱动，通过减速机或变频实现速度控制。电机直接驱动端的滚筒称为驱动滚筒（又称传动滚筒），另一端滚筒用于改变输送带运动方向，称为改向滚筒（又称导向滚筒）。驱动滚筒一般都装在卸料端，以增大牵引力，有利于拖动。

胶带是牵引和承载物料的主要构件，它不仅应有足够的强度，还要有相应的承载能力。常用的胶带有橡胶带和塑料带两种。橡胶带适用于工作环境温度 -15 ～ 40℃，物料温度不超过 50℃，对于大倾角输送需用花纹橡胶带。塑料带具有耐油、酸、碱等优点，但对于气候的适应性差，易打滑和老化。胶带宽是带式输送机的主要技术参数，应依据国家标准选用合适的胶带。

胶带传输机机架、托辊的结构、装配形式可根据要求确定，有的机架可随工作面变化伸长或缩短，有的可不设基础，直接在巷道底板上铺设，有的因为输送能力和运距较大，中间增设驱动装置来满足要求。

滚筒分为驱动滚筒和改向滚筒。驱动滚筒是传递动力的主要部件。分单滚筒（胶带对滚筒的包角为210°～230°）、双滚筒（包角达350°）和多滚筒（用于大功率）等。

胶带传输机要配置张紧装置，避免输送带与传动滚筒打滑，并限制输送带下垂，使输送机正常运行。

◆ **规格参数**

胶带传输机规格参数主要包括胶带宽度、传输速度，其决定了胶带传输机的运送传输能力。

移动式胶带输送机，带宽一般500～650毫米。根据生产要求，有的胶带输送机安装在固定轨道上，可在一定范围内纵向或横向移动；有的则是行走式，可推到需要的任何位置使用，输送速度0.3～0.5米/秒。

伸缩式胶带输送机，带宽一般600～800毫米。伸缩形成1～3级，最多达5级。伸缩行程3～7米，最多达10米，输送速度0.3～0.5米/秒。考虑到车辆在一个车位需同时装运袋、信盒和集装箱，常将伸缩式胶带输送机做成可移动的。在装卸袋、箱类物品时，采用移动伸缩式胶带机；装卸集装箱时，移开伸缩胶带机，应用装卸过桥。

上述两种胶带机都可设计成正反运转，用于容器、包件、报捆的装车和卸车；输送速度也可视生产需要而提高。

◆ **特点及应用**

与其他运输设备（如机车类）相比，胶带传输机具有输送能力强，输送距离远，结构简单，易于维护，方便布局，可直线、弯道、倾斜运输等特点，并易于程序化控制和自动化操作。

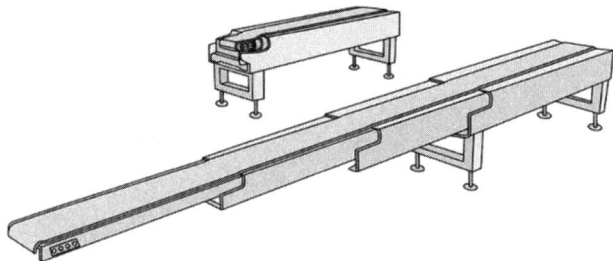

可伸缩带式传输机

广泛应用于冶金、煤炭、交通、水电、化工等部门。在交通运输行业中主要作为分拣和装卸搬运设备。

无人搬运车

无人搬运车是由计算机控制，装有电磁或光学等自动导引装置，能够沿规定的导引路径或设定的目标自动行驶的车辆。具有安全防护、移载（装卸）等多种功能。

◆ 发展历程

诞生于1953年，由简易的牵引式拖拉机（automated guided cart；AGC）改造而成。到20世纪50年代末至60年代初，发展成多种类型的用于工厂和仓库的无人搬运车（AGV）。其基本的导引技术，是感应埋设于地面下导线的电磁量讯息。常见路线实现方式是：把导线埋在地面下或粘贴在地板上形成车行进路线，无人搬运车则依循导线形成的电磁量讯息进行移动与动作。80 年代末期，无线式导引技术引入到 AGV 系统中，如激光和惯性技术导引。无线式导引技术的引入大大提高了 AGV 系统的灵活性和准确性，且使得导引方式更加多样化。如 AGV 任务修改需要修改路径，无线导引方式将不必再改动地面或中断生产。技术的发展、成熟在生产物流系统中得到推广应用，并出现产业化发展的趋势，成为现代化企业自动化装备不可缺少的重要组成部分。在欧美等发达国家，发展最为迅速，应用最为广泛；在亚洲的日本和韩国，也得到迅猛发展和广泛应用，尤其是在日本，产品规格、品种、技术水平、装备数量及自动化程度等方面较为丰富，已经达到标准化、系列化、流水线生产的程度。在中国，随着物流系统的迅速发展，AGV 的应用范围也在不断扩展。

在物流行业，AGV 从开始的以装卸搬运为主，到现在已经出现安全巡视、拣选和分拣。尤其是分拣功能，是对原有的物品分拣模式的突破，它实现无轨道、平面网点式格口布局，大大提升了平面利用率和空间利用效率。

◆ **结构及性能**

AGV 主要由承载车、控制系统、导引系统组成。

承载车。主要是由蓄电池驱动的轮式车，当电量不足时，会向地面控制系统发出充电请求，在得到允许后，前往充电站自动充电，在充电期间，AGV 地面控制系统不会向此 AGV 分配任何任务。AGV 以轮式移动为特征，以计算机来控制其行进路线及行为，与步行、爬行或其他非轮式的移动机器人相比，其活动区域无须铺设轨道、支座架等固定装置。因此，在自动化物流系统中，能充分地体现其自动性和柔性，实现高效、经济、灵活的无人化生产。

控制系统。主要技术：导航、路径规划、导引控制。它根据物料搬运任务，分配调度 AGV 执行任务，根据行走时间最短原则，计算 AGV 的最短行走路径，并控制指挥 AGV 在行走过程中互相自动避让、等待，并及时下达装卸货和充电命令。

无人搬运车

导引系统。通过自身装备的导航器件测量并计算出所在全局坐标中的位置和航向。目前常见导引方式有：坐标导引、电磁导引、磁带导引、光学导引、激光导引、惯性导航、视觉导航、GPS（全球定位系统）导航。

按承载负荷形式，AGV 可分为叉车式、背负式、潜伏式等。已有行走机构能实现小车前进、后退甚至全方位行驶和旋转的 AGV 产品，随着应用领域增加，AGV 将会更加多样化。

◆ **技术特点**

无人搬运车与其传统物料搬运方式相比有很多优点，主要表现在工作效率高、智能化管理、较好的柔性和系统拓展性、可靠性高、安全性高以及成本费用较低等方面。

工作效率高

AGV 实现上下料及来回运输工作，实行不停机换料，缩短人工换料时间，AGV 小车可实现自动充电功能，从而达到 24 小时连续运转工作，大大提高了工作效率。

智能化管理

AGV 可全智能化管理，从而提高智能化管理水平，有效规避人员因素。

较好的柔性和系统拓展性

AGV 的行驶路径可以根据搬运点位要求、生产工艺流程等灵活改变，且运行路径改变的费用低廉。AGV 的计算机控制系统可轻易实现单元组合，可拓展性强。

可靠性高

AGV 具有行驶路径和速度可控、定位精准、物料搬运准确性高的优点，同时，AGV 中央管理系统可以对 AGV 进行全程监控，物料搬运可靠性高。

安全性高

AGV 通过采取多级硬件、软件的安全措施，能够在运行过程中保证自身安全、现场人员及各类设备的安全。

AGV 集光、机、电、计算机为一体，综合了当今科技领域先进的理论和应用技术。减少人员配置、节省时间、减少人为操作损失，适应人员不方便进入的场所，大大优化生产结构，有效提高生产效率和搬运的准确性，提高管理水平，实现企业信息一体化。

成本费用较低

AGV 功能部件不断标准化，促使单机价格不断下降，大中小规模企业的购置、使用费用更趋合理。

◆ **技术参数**

AGV 应用领域越来越广，对其技术性能要求也在不断延伸，但一般的基础技术参数主要包括：

①额定载重量。AGV 小车的载重量范围在 50 ～ 20000 千克。

②小车自重。指自动导引搬运车与电池等车体构成的总质量。

③车体尺寸。指车体的长、宽、高外形尺寸，该尺寸应该与所承载货物的尺寸和通道宽度相适应。

④小车停位精度。指车所到达目的地址实际位置与程序设定的位置之间的偏差值，精度是重要参数，是工作任务目标的主要性能值，不同任务目标要求不同的停位精度。

⑤车最小转弯半径。指车在空载低速行驶，偏转程度最大时，瞬时转向中心到车纵向中心线的距离。它是确定车辆弯道运行所需空间的重要参数。

⑥小车运行速度。指车在额定载重下行驶时所能达到的最大速度。它是确定车辆作业周期和搬运效率的重要参数。

另外，小车电池续程能力、制动性能等都影响使用和生产效率，都是选用 AGV 小车时要考虑的指标。

◆ **发展方向**

从系统性上看，AGV 通过多年的发展，形成了两种发展模式。第一种是以欧美国家为代表的全自动 AGV 技术，这类技术追求 AGV

的自动化，几乎完全不需要人工的干预，路径规划和生产流程复杂多变，能够适用于几乎所有的搬运场合。第二种是以日本为代表的简易型AGV 技术或称其为 AGC，该技术追求是简单实用，结合简单生产应用场合，不刻意强调自动化功能，使成本几乎降到最低。由于 AGC 技术门槛较低，能在最短的时间内收回投资成本，在亚洲得到了很好的普及。

全球智能化的态势正在促使着 AGV 的发展，AGV 在各个领域将会得到更大的普及应用，其结构形式、导航方式、控制精度等技术都在不断改变和提升。

快递专用电动三轮车

快递专用电动三轮车是专门用于快递企业进行快件揽收和投递的电动三轮车。

◆　**用途和特征**

快递专用电动三轮车具有统一的车型设计，货箱箱体上印有快递标识、地方标识、快递企业的企业标识、服务及监督电话等相关信息，行业特点十分明显。

◆　**特点和优势**

快递专用电动三轮车具有封闭式货箱，可安装 GPS 定位终端系统，可为驾驶员搭建挡雨顶篷。在现行法律框架下，适宜城市配送车辆与

快递专用电动三轮车

汽车相比，快递专用电动三轮车具有体积小、机动灵活、低碳环保的优势；与电动自行车相比，快递专用电动三轮车具有带货量大，在快递员上楼投件时封闭式货箱可上锁、能保障快件安全的优势，广受快递企业青睐。专用电动三轮车已经成为应用最广泛的快递末端揽投服务交通工具，在提高快递"最后一公里"服务效率、保障快件安全、改善快递服务水平方面有着其他交通工具不可替代的功效和高性价比优势。

参考文献

中华人民共和国国家邮政局.YZ/T 0136-2014 快递专用电动三轮车技术要求.北京：邮政科学研究规划院,2014.

电子运单

电子运单是一种通过打印设备将存储在计算机中的快件原始收寄信息打印到热敏纸等载体上所形成的快递运输单据。又称电子面单、热敏详情单或热敏标签。

与传统的纸质详情单相比，电子运单的生成是通过热敏打印机在热敏纸上高速打印收件人、寄件人等信息，具有打印速度快、成本低、处理效率高、保护用户隐私的优势。传统纸质详情单一般使用针式打印机打印，打印速度在 500～700 张/小时，而电子运单一般使用热敏专用打印机，打印速度在 2500～3600 张/小时，打印效率比纸质运单提升 2～5 倍。电子运单尺寸几乎是传统纸质详情单尺寸的一半，仅由上下两联组成或上、中、下三联组成，而传统纸质详情单需要一式三份或五份。采用电子运单可大大减少用纸量，要比采用传统纸质详情单成本低

50%左右。电子运单的打印信息由信息系统对接自动导入，免去传统人工录入环节，信息的准确性大大提高，为后续环节实现机器自动分拣、提高快件处理效率奠定了良好基础。随着技术的发展，可将收（寄）件人的详细信息以二维码方式打印在电子运单上，达到保护用户信息安全、避免个人信息泄露的目的。

中国快递电子运单的产生源于满足电商商家批量交寄快件的需要。快递运单不仅承载着快递企业和用户之间的寄递契约关系，更是连接用户、快递企业和电商企业等信息的纽带，信息化水平越高，快递运单的作用越重要。而传统纸质详情单成本高、信息录入效率低、信息安全隐患高，不能满足电商批量交寄快件和快递企业后续环节快速处理的需要，在这种发展背景下，一种新型的快递运单——快递电子运单应运而生，被快递企业广泛采用。

参考文献

国家邮政局，全国邮政业标准化技术委员会 . YZ/T 0148—2015 快递电子运单 . 北京：国家邮政局，2015.

快递巴枪

快递巴枪是快递行业对数据采集手持终端的一种通俗叫法。早期的快递巴枪是指条形码扫描枪（barcode），现在普遍指手持终端（personal digital assistant; PDA），或嵌入数据采集、存储、传输等功能的智能手机终端。

快递企业使用的PDA或智能手机是工业级手持终端，具有识读条形码信息或读写射频身份识别（RFID）标签信息的功能。快递企业以 PDA 手持终端或智能手机终端作为数据采集与存储的载体，通过移动通信网络与后台服务器连接构成巴枪系统。利用巴枪系统，可实现对运单数据的采集、中转场 / 仓库数据的采集，与后台企业数据库之间的数据传输，相关业务信息的查询等功能。

收件员或派件员可利用手持终端或智能手机终端接收快递企业客服中心下发的用户寄件派单信息，然后按照派单信息到用户处揽收快件。在用户现场收件员利用手持终端或智能手机终端扫描运单上的条码信息，将扫描采集到的条码信息（运单号码）、收件时间、寄件人信息、收件人信息、快件相关信息等通过无线通信网络上传到企业后台数据库。在快件内部处理环节或运输途中，每个中转站或分拨中心的操作人员都可利用手持终端或智能手机终端扫描快递运单条形码，并实时通过移动通信网络将所采集的快件信息上传到企业后台数据库，使企业管理中心实时记录物流过程中的快件位置信息以及处理进度，再将这些信息实时反馈给用户，使得用户可以及时查询到自己快件的物流信息，实现物流过程透明化。在投递环节，派件员将快件送到收件人处后，在现场利用手持终端或智能手机终端扫描运单上的条形码，进行收件人电子签名并存储收件人电子签名等信息，然后通过移动通信网络将

快递巴枪

采集到的运单号码、派件时间、用户电子签名等信息上传到后台数据库，管理中心便可及时将快件送达及签收信息反馈给寄件人，便于寄件人了解掌握所寄快件寄递全过程。

智能快件箱

智能快件箱是指设立在公共场合，可供投递和提取快件的自助服务设备。是一个基于物联网的，能够将快件进行识别、暂存、监控、管理的设备，可以与 PC 服务器一起构成智能快件箱系统。

◆ 发展背景

全球范围内电子商务的"井喷式"发展是国内外智能快件箱商业模式兴起的主要动力。随着全球各国电子商务的迅猛发展以及网购包裹量的持续增加带来的庞大的投递压力，智能快件箱应运而生。

郑州大学智能快件箱

智能快件箱是一种集快件投递与提取多种功能于一体的全天 24 小时自助服务系统。智能快件箱有助于解决投递成本高、快件安全无法保证、用户取货不方便以及派送时间与消费者接货时间不一致等问题，成为解决快件投递"最后一公里"问题的有效途径，是快递末端服务的有益补充。其现实意义和社会价值主要表现为：降低人力成本、提高投递效率和保护个人隐私。

◆ **工作原理**

智能快件箱包括监控系统、控制系统、机械系统、信息平台等 4 大系统，共同支撑整个智能末端的正常运转。智能快件箱的信息平台由终端系统与支撑系统两部分组成，终端系统负责与用户的界面交互，支撑系统负责与终端系统的内部数据通信以及与银联、企业、短信平台等数据平台的信息交互。智能快件箱集云计算、物联网这两大核心技术于一体，包括前台站点快件存取和后台中心数据处理两部分。智能快件箱的运行有赖于智能快递终端和 PC 服务端。基于嵌入式技术，通过射频身份识别（RFID）、摄像头等各种传感器进行数据采集，然后将采集到的数据传送至控制器进行处理，处理完再通过各类传感器实现整个终端的运行，包括 GSM 短信提醒、RFID、摄像头监控等。

◆ **商业模式**

智能快件箱商业模式涉及快递企业、智能末端（运营企业、快递员、用户、居民小区物业等）多个利益主体，是一个多阶段动态博弈模型，基于"帕累托"改进原则，通过降低整个配送过程的交易费用，从而使得多方受益。智能快件箱商业模式达到的效果：一是降低了快递企业运营成本；二是提升了快递企业的经营利润；三是节省了快递企业劳动用工；四是提高快递企业工作效率；五是扩展了快递企业的服务范围；六是社会资本投资的杠杆作用明显；七是扩大了房产地商的收益；八是促进快递业与其他产业融合发展。智能快件箱的商业模式发展有认知阻力、组织结构阻力、资源配置阻力和外部环境阻力，需要政府管理适时介入。

◆ **国际沿革**

世界范围内最早使用智能快件箱的是欧洲的寄递公司。运营规模最大、在邮政行业内运用最早的是德国敦豪快递（DHL）包裹站，很多国家的邮政运营商纷纷对智能快件箱进行投资，以网络零售商、邮购公司及其个人消费者为目标用户，为他们提供一种新的收寄、投递服务的备选形式，运营一系列增值业务，以更好地适应电子商务的蓬勃发展。现国外有美国、德国、英国、法国、俄罗斯、奥地利、芬兰、挪威、丹麦、比利时、荷兰、瑞士、波兰、土耳其、爱沙尼亚、立陶宛、塞浦路斯、澳大利亚、智利、新加坡等 20 多个国家应用智能快件箱。国外智能快件箱的发展具有以下特点：一是处于探索阶段。有很多国家邮政都在应用智能快件箱，德国应用较为广泛，国际四大快递公司中正在积极应用。二是以邮政自建自用为主。其中邮政和快递企业应用最为广泛，也有个别零售商自建自用智能快件箱。三是具备应用的基础环境。由于大多数发达国家的法律制度、信用制度和诚信体系相对比较健全，为智能快件箱的成功推广和应用创造了良好的基础环境。四是应用功能多样化。除了有投递功能之外，还有收寄、退件和支付等功能。五是投放地点多为户外且人员流动密度较高的地带。如车站、购物中心、大型住宅和住宅群等，或者是在指定的地点专门定制。

◆ **国内发展**

发展现状

智能快件箱的研发与应用在国内处于高速发展阶段。中国邮政、顺丰速运、圆通速递、韵达快递、中通快递等快递企业和京东、亚马逊等互联网企业均开始尝试使用智能快件箱。市场上柜体最多的是速递易与丰巢，其他品牌如中集 e 栈、云柜、富友、日日顺乐家等也有一定的市场占有率。2012 年 9 月，中邮速递易以技术领先优势在中国推出第一台"速递易"智能快件箱，开创了快递柜这一全新领域。2015 年 6 月 6 日，顺丰速运、申通快递、中通快递、韵达快递、普洛斯 5 家物流公司联合公告，共同投资创建深圳市丰巢科技有限公司，研发运营面向所有快递公司、电商物流使用的 24 小时自助开放平台——"丰巢"智能快递柜，以解决快递末端难的问题。2017 年 7 月 7 日，三泰控股发布了重大资产重组方案，子公司成都"我来啦"网络信息技术有限公司（速递易运营主体）的重组方案正式披露，中国邮政、菜鸟网络、复星集团深度入局快件箱市场。

管理政策

智能快件箱的出现对政府管理带来了政策差异、知识产权、运营安全、社会责任、营造环境、维护市场秩序和维护用户权益等方面的挑战。智能快件箱要健康发展，需要得到政府相关政策的扶持以及运营商、物业、快递公司的紧密配合，特别是对智能快件箱的使用与管理的规范，在依法行政的前提条件下，积极争取扶持政策，完善基础环境，鼓励模式变革，发展创新平台，形成良好环境，促进企业由小到大的发展和市场的繁荣，以推动这种服务模式规范化、健康化发展。

智能快件箱的发展需要政府管理部门从营造良好商业文化环境、制定相关法律制度、实施合理的价格监控、制约产品负外部性并形成行业产品标准、编码规则和统计标准入手。国家邮政局高度关注智能快件箱的发展，2013 年 6 月，提出智能快件箱标准研究项目，项目由国家邮政局发展研究中心和邮政科学研究规划院负责起草，明确智能快件箱的材料、系统功能、操作流程、信息接口等内容，对于规范和引导智能快件箱的开发和应用具有重要意义。2015 年 12 月 8 日，国家邮政局第 21 次局长办公会，审议并原则通过了《智能快件箱投递服务管理规定（暂行）》，对社会所关注的智能快件箱发展问题进行了规范。

发展趋势

中国的智能快件箱要实现健康可持续发展，除了政府适度合理管理之外，还需要注意以下几个问题：一是要积极探索商业模式，及时适应市场发展，调整产业政策，创造企业发展的环境，让企业获取适当利润。二是现阶段要结合中国国情，快递企业应尊重市场规律，先行探索，待发展模式和发展路径成熟后，大规模推广和应用，稳步提高市场竞争力。三是要按照国务院有关政策文件将智能快件箱建设推广为公共服务的要求，在上海、天津、杭州、无锡、厦门、唐山、大连等市将智能快件箱纳入智慧社区建设经验基础上，出台相关的资金补贴扶持措施，积极推广这一基础性的公共服务。四是智能快件箱的未来业务将并不局限于快递的寄取，其可拓展的业务还很多，比如冷藏柜、社区 O2O 等，发展空间很大。此外，第三方企业要充分发挥整合资源的优势做好平台，找准自己的定位，获取有价值的新业务，以增强盈利能力，获得持续发展的动力。

第 4 章

寄递网络

邮政实物传递网

邮政实物传递网是由中国的邮政营业局（所）和邮政投递局（所）及其设施、邮件处理中心、各级邮路按照一定的规则和方式组织起来传递实物邮件的网路系统。

◆ 起源

中国邮政实物传递网源于邮政通信网。20 世纪 90 代初期，原邮电部组织邮政领域的专家学者对邮政通信网进行了专题研究，形成了《中国邮政通信网组织原则与要点》。并于 1994 年 10 月向全国各省、自治区、直辖市邮电管理局和相关单位印发了《中国邮政通信网组织原则与要点》。该成果对邮政通信网的定义、目标、分层、分级都有详细的阐述。1997 年 1 月，国务院决定改革邮电体制，实施邮电分营，1998 年 3 月，在原电子工业部和原邮电部的基础上，组建新的信息产业部，1998 年 4 月，国家邮政局正式挂牌，邮政开始走上独立运营的征程。进入 21 世纪以后，中国邮政开始进行邮政信息化建设，建设邮政综合信息网，包括邮政综合计算机网和邮政金融计算机网。为了便于和邮政综合信息网相区别，"邮政实物网"一词应运而生。邮政实物网能力是邮政企业核心能力的重要体现，也是支撑邮政业务发展的重要物质基础。

◆ **组成要素**

包括收寄端、邮件处理中心、邮路和投递端。其中，收寄端、投递端是邮件收投的网点，邮件处理中心是邮政实物网的节点，邮路就是连通节点和网点的运输邮件的线路。

收寄端

邮政实物网的入口，各类邮件通过收寄端网点进入邮政实物网，标志着邮件传递过程的开始。收寄端网点是指分布在全国各地经办邮政业务的邮政局（所），包括邮政支局、邮政所、邮政代办所、临时性局（所）、流动服务点、村邮站和信箱、信筒等。收寄端网点面向社会，直接接触用户，在接受寄件人的委托后，邮件即开始了在邮政实物网上的传递过程。

图1 市民在义乌万国邮局邮寄平信

2016年10月22日，以提供义乌特色商贸邮政服务为主题的万国邮局在浙江省金华市义乌国际商贸城开业。万国邮政以"情系万家、信达天下"为使命，在万国邮局内，设有万国邮政联盟图标的铜雕和白色飞鸽造型。义乌每年有50万人次的入境客商，100多个国家和地区的1.3万名客商常驻这里。设立万国邮局，为游客提供旅游和消费信息，增加国际文化元素，兼有代收代寄的邮政全球服务。

邮件处理中心

邮政企业对邮件进行操作处理的活动场地。可以分为邮件分拣、封发作业处理场所和邮件投递作业处理场所。承担邮件分拣、封发作业的场所一般设在邮件处理中心，承担邮件投递作业处理的场所一般设在投递局。

投递端

邮政实物网的出口，各类邮件通过投递端网点送达收件人手中，标志着邮件传递过程的终结。投递端网点是指各投递局（所）通过投递人员到达的各类邮件接收点，包括个人住户、单位收发室、邮政专用

图2　兰州唯一步行投递员唐和顺用双脚走出一条爱心邮路

信箱、用户信报箱、信报箱群、智能包裹柜等。一些具有投递功能的机构，如社区居民委员会、单位收发室、村邮站、信件和报刊代投点等也可以视为邮政实物网的投递端网点。

邮路

邮路是邮政企业利用火车、汽车、飞机和轮船等各种运输工具运输邮件的路线。在邮政实物网各类节点之间按照规定的频次、时间运输邮件。各种邮路相互贯通组成邮政运输系统，完成运输邮件的任务。

◆ **分级**

邮政实物传递网按照邮区中心局体制的原则实行分级管理。根据其

覆盖范围和管理权限不同，邮政实物传递网通常分为全国干线网、省内干线网和邮区网。①全国干线网，指由跨省（省际之间）的一、二级邮区中心局通过全国一级干线邮路连接起来的邮政网路体系，由中国邮政集团公司网路运行部管理。②省内干线网，指以省会邮区中心局为中心，由省内邮区中心局通过省内二级干线邮路连接起来的邮政网路体系，由省邮政分公司运营管理部（原网路运行维护部）管理。③邮区网，指以邮区中心局为中心，由邮区范围内的市（县）分公司和收投点通过邮区内邮路连接起来的邮政网路体系。

◆ 分类

邮政实物传递网按实物的运输工具不同，可分为邮政航空网和邮政陆运网两类。

邮政航空网

以南京邮件集散中心为中心，以全国各邮政航空通运局为节点，通过中国邮政航空有限责任公司的飞机运送标准快递邮件的航空网路体系。由中国邮政速递物流有限公司管理。邮政航空网采用"全夜航"集散模式，形成了以南京为枢纽中心，上海、武汉为辅助中心，连接国内外16个节点城市，形成覆盖华北、华东、东北、华中、华南、西南、西北7个地区的集散式航线网络，在国内304个城市间实现EMS邮件"限时递""次日递"和"次晨达"等业务，为中国邮政航空快速网提供了可靠的运力支撑。1995年11月25日，中国邮政航空有限责任公司正式成立。开始了邮政自办航空运输业务，经过20多年的发展，航空邮路达372.9万千米，邮航机队规模达到33架，运营航线47条，连接国（境）

内外 33 个节点城市，运能达 1386 吨 / 日。

邮政陆运网

以汽车和少量长途火车（一般运输距离在 1500 千米以上）为运输工具，通过一、二级干线邮路和支线邮路连接各级邮区中心局和地市局、县局组成的网路体系。由中国邮政集团公司网路运行部管理。为满足普遍服务和电商寄递业务发展的需要，中国邮政实施干线运输方式改革，构建了长途以火车为主，中短途以汽车为主的新型运输网路。按照新构架、新标准、新流程、新制度、新工艺、新系统的理念，以 75 个一、二级中心局为节点，采用双层包裹分拣机等自动化邮件处理设备，利用自有车辆和社会运力，推广甩挂运输，使全网日处理能力达 2400 万件。

邮政设施

邮政设施是邮政企业提供邮政服务设备和场所的统称。

包括邮政营业场所、邮件处理场所、邮筒（箱）、信报箱、邮政报刊亭、村邮站、邮政智能包裹柜等。是国家公共基础设施的重要组成部分，一个国家和地区邮政设施的好坏代表一个国家邮政服务水平的高低。

按照邮政普遍服务标准要求，每个乡、镇至少有一个提供包裹领取服务的邮政营业场所。机关、企事业单位应设置接收邮件的场所。城镇居民楼设置接收邮件的信报箱，具备条件的地区逐步设置邮政包裹柜。乡、镇其他地区逐步设置村邮站或者其他接收邮件的场所，未设置固定邮件接收场所的，由各建制村村民委员会代为接收邮件。建设城市新区、独立工矿区、开发区、住宅区或者旧城区进行改建，应同时建设配套的提供邮政普遍服务的邮政设施。邮政设施的产权主体对其设置的邮政设施进行经常性维护，保证邮政设施的正常使用。

◆ **邮政营业场所**

邮政企业提供邮件收寄服务和其他服务的场所。中国的邮政营业场所包括邮政支局、邮政所、邮政代办所等。邮政营业场所的设置、服务设施及营业时间等，根据不同的地域、文化、交通和人口聚集状况而有不同的规划和要求。设在永暑礁的南沙邮局正式成立于 1988 年 8 月 2 日。南沙邮局是中国最南端的邮局，也是全国最小的邮局，只有一个信箱、一张办公桌、一个邮戳，没有专门的工作间，却有着专门的邮政编码 573101（图 1）。

图 1　永暑礁的南沙邮局正式成立

服务半径和服务人口

中国邮政营业场所设置的服务半径和服务人口是：

①北京市城区主要人口聚居区，平均 1 千米服务半径或 1 万～ 2 万服务人口；②其他直辖市、省会城市城区主要人口聚居区，平均 1 ～ 1.5 千米服务半径或 3 万～ 5 万服务人口；③其他地级城市城区主要人口聚居区，平均 1.5 ～ 2 千米服务半径或 1.5 万～ 3 万服务人口；④县级

城市城区主要人口聚居区，平均 2～5 千米服务半径或 2 万服务人口；⑤乡、镇人民政府所在地和乡、镇其他地区主要人口聚居区，平均 5～10 千米服务半径或 1 万～2 万服务人口；⑥交通不便的边远地区，按照国务院邮政管理部门的规定执行。

服务设施

①营业场所应公示名称、所在区域邮政编码、每周的营业日和每天的营业时间，并按公示的时间营业；②营业场所公示或者以其他方式公布其服务种类、资费标准、邮件和汇款的时限标准、查询及损失赔偿办法、禁止寄递或者限制寄递物品的规定；③营业场所内在明显位置公示用户对其服务质量的投诉、申诉渠道及联系方式；④营业场所内免费为用户提供邮政编码查询服务；⑤营业场所内提供便民服务设施及用品用具；⑥营业场所内要布局合理，指示清晰，环境整洁。

营业时间

①城市主城区每周营业时间不少于 6 天，每天营业时间不少于 8 小时；②城乡结合区每周营业时间不少于 6 天，每天营业时间不少于 6 小时；③乡、镇人民政府所在地每周营业时间不少于 5 天，每天营业时间不少于 6 小时；④乡、镇其他地区每周营业时间不少于 3 天，每天营业时间不少于 4 小时；⑤车站、机场、港口、高等院校、繁华地区等人流量大的区域，根据实际情况合理安排营业时间；⑥交通不便的边远地区，按照国务院邮政管理部门的规定执行；⑦遇国家法定节假日和省级人民政府规定的节假日，提供邮政普遍服务的邮政营业场所可根据实际用邮

需求，适当调整营业时间，调整后的营业时间应提前 3 日对外公布，并按公布的时间对外营业。

◆ 邮筒（箱）

邮政企业用于收集普通寄出信件的邮政设施，通常放于公共场所和邮政营业场所门前，以方便人们投放信件。邮筒的设置原则同样考虑不同地区及人口聚集状况。

服务半径和服务人口

①直辖市、省会城市城区主要人口聚居区，平均 0.5～1 千米服务半径；②其他地级城市城区主要人口聚居区平均 1～2 千米服务半径；③县级城市城区主要人口聚居区，平均 2～2.5 千米服务半径；④乡、镇人民政府所在地主要人口聚居区，平均 5 千米服务半径；⑤交通不便的边远地区，按照国务院邮政管理部门的规定执行；⑥提供邮政普遍服务的邮政营业场所门前设置邮筒（箱）；⑦较大的车站、机场、港口、高等院校等人口密集的区域，根据需要增加邮筒（箱）的设置数量。

开取次数

邮政企业在邮筒（箱）上标明开取次数和时间，并按时打开邮筒（箱），收取信件。开取邮筒（箱）次数应满足下列要求：①城市每天不少于 1 次；②乡、镇人民政府所在地每周不少于 5 天，每天不少于 1 次；③乡、镇其他地区每周不少于 3 天，每天不少于 1 次；④交通不便的边远地区可按当地的投递频次开取邮筒（箱）。

◆ 邮件处理场所

邮政企业专门用于邮件分拣、封发、储存、交换、转运、投递等工序的场所（图2、图3）。

图2　分拣人员利用邮件分拣设备分拣邮件

**图3　本埠、外埠投信口合二为一的邮筒
亮相郑州街头（2008年4月28日）**

邮　局

邮局是办理邮政业务机构的通称。为邮政企业提供邮政服务的场所。

◆ 发展沿革

20世纪90年代初，中国邮政已经有了"政企分开"的呼声。1995年，原邮电部成立了两个企业局，即中国邮电邮政总局和中国邮电电信总局。

1998年，国务院对邮电经营管理体制进行改革，改革原有的邮政、电信，由邮电局统一经营模式，实行邮政、电信分开经营。把邮电局拆分为相互独立的邮政局和电信公司，邮政开始独立运营，成为国民经济的一个独立部门。这次改革后的邮政经营管理体制仍保留政企合一模式。

2005 年 7 月 20 日，国务院常务会议批准了国家发展和改革委员会关于邮政体制改革的方案。这次会议确定邮政体制改革的基本思路是：实行政企分开，加强政府监管，完善市场机制，保障普遍服务和特殊服务，确保通信安全；改革邮政主业和邮政储蓄管理体制，促进向现代邮政业方向发展；重新组建国家邮政局，作为国家邮政监管机构；组建中国邮政集团公司，经营各类邮政业务；加快成立邮政储蓄银行，实现金融业务规范化经营。2005 年 8 月，国务院下发《邮政体制改革方案》（国发〔2005〕27 号），要求邮政进行体制改革，实施政企分开。2006 年 8 月底，各省（区、市）邮政监管机构筹建工作基本就绪，国家邮政监管机构的组建也完成了前期准备，新的国家邮政局的组织机构和岗位设置实施方案基本完成。2006 年 9 月 13 日，湖南省邮政管理局挂牌，这是湖南首次实现邮政政企分开。

2007 年 1 月 29 日，新的国家邮政局和中国邮政集团公司同时挂牌，国家邮政局是副部级的邮政行业监管机构。中国邮政集团公司是全国各地经营性邮政局（所）的中央机构，接受国家邮政局的业务监管。2012 年 3 月 1 日，中国省级以下邮政监管体制实施工作正式启动；2012 年年底，全国共设立 357 个市地一级邮政监管机构。

2015 年，中国邮政实施了"子改分"体制改革，在中国邮政集团公司旗下，原来的省、市、县邮政局分别改称省、市、县邮政分公司。

市、县分公司所辖范围内的邮政分支机构仍然称邮政支局（所）。北京天安门邮局营业场景如图所示。

图1　游客在天安门邮局办理邮寄业务

◆ 主要业务

邮局提供的服务包括函件、包裹、特快专递等业务的收寄服务和报刊订阅服务；提供各种代办业务，如代收水电费、煤气费、有线电视费、交通违章罚款，代收保险费等。邮局的设置数量和分布情况，既要考虑公众方便，也要考虑经济合理。因此，各国邮政都是根据本国经济、文化、交通、地理和人口等条件进行规划设置的。邮局包括邮政支局（所）、代办所和其他邮政机构。

邮政支局（所）

中国邮政支局（所）设在城乡各地，行政和业务上受市、县邮政分公司领导。邮政支局办理邮政业务的收寄和投递工作，邮政所一般只办理部分邮件的收寄业务，设在农村的邮政所，有的也负责投递邮件。

邮政代办所

邮局以合同方式委托其他单位或个人代办邮政业务的机构。中国的邮政代办所多数设在农村，办理部分邮政业务，有的也兼投递邮件。

中国邮政其他机构

邮政的其他机构还有报刊门市部、报刊亭等。在一些城市还有邮政流动服务车，到工厂、学校、矿山、繁华街道等处流动服务。常年服务在广大农村的乡邮员被誉为"活动邮局"，他们不仅投递邮件、报刊，还随身携带邮票出售，并把农村居民交寄的邮件带回邮局。

主题邮局

主题邮局是邮政企业借助社会热点事件和地域特色，挖掘文化资源、拓宽邮局建设模式的一种新举措。具备两个关键元素：一是邮政，二是特色。

中国各种题材的主题邮局已遍布全国，主要有太空邮局、南极长城站邮局和中国探月主题邮局、熊猫邮局等。

这座取名为"一个记忆重庆的邮局"推出 DIY 明信片打印制作、特点景点纪念邮戳收藏等特色服务。主题邮局内分设老邮票、老重庆风光、文创旅游纪念品等展区。光是重庆特色风光明信片便有近 100 种，

图 2　重庆解放碑主题邮局

内容不仅囊括了洪崖洞、解放碑、重庆长江索道等热门景点，还有各类老重庆城市风貌图片。

太空邮局

太空邮局是以太空题材命名的主题邮局。

主题邮局是邮政企业借助社会热点事件和地域特色，挖掘文化资源、拓宽邮局建设模式的一种新举措，具有两个关键元素：一是邮政，二是特色。各种题材的主题邮局已遍布全国。

太空邮局直属中国邮政集团公司管理，首任局长为中国首位航天员杨利伟，具体运营由北京市邮政分公司负责，邮政编码为901001。

2011年11月3日凌晨1时43分，"神舟"八号飞船与"天宫"一号飞行器成功实现中国首次空间交会对接，标志着中国完全掌握了载人航天天地往返运输、空间出舱活动和空间交会对接三大基本技术，也标志着中国邮政太空邮局天地邮路正式开通，使地面与太空的邮件传递成为可能。2011年11月3日上午10时，中国邮政太空邮局开通仪式在北京航天城举行，标志着太空邮局正式成立。

太空邮局采取"虚实结合"的经营模式，实体邮局设在北京航天城邮局，虚拟邮局设置在载人航天飞行器内。开办的业务有国际国内函件寄递和集邮业务。社会公众可以向航天员写信，通过太空邮局带上太空，再由航天员盖上邮戳返回地面。

公众集邮者可登录"中国邮政网"（http://www.chinapost.com.cn）浏览太空邮局的相关内容，在线书写自己的太空信，还可配以相应的文字、照片和图片，预留寄达人的名址后，以电子形式存储到载人航天飞行器内的太空邮箱中。待载人航天飞行器返回地面，经自动处理系统输出后，可制作成太空实物邮件，将"来自太空的祝福"邮寄给亲朋好友。

为了纪念"神舟"八号与"天宫"一号的成功对接和太空邮局的开通，中国邮政特发行《神舟八号飞船与天宫一号目标飞行器交会对接纪念》和《中国邮政太空邮局开通》纪念封各一枚，并批准发行《中国载人航天工程》邮资信封一枚。

太空邮局的开通，是中国邮政服务中国航天事业和社会公众的创新之举，对中国发展载人航天事业，传承和弘扬载人航天精神有着积极而深远的意义。

太空邮局将会随着国家航天事业的发展而逐步扩大，在未来也会结合航天重大发射事件，编号发行国家级航天主题邮品，以满足社会公众收藏需求。同时，还将开展便于大众参与的航天主题科学活动，打造航天科普教育邮政服务平台，通过中国邮政优质、高效的服务，让广大人民群众共享航天事业发展成果。

2011 年 11 月 11 日，中国邮政太空邮局亮相 2011 年第六届中国北

图 3　中国邮政太空邮局

京国际文博会。据了解，神舟八号与天宫一号的成功对接，使得地面与太空的邮件传递成为可能。太空邮局是中国邮政集团公司管理的直属邮局，具体运营由北京市邮政公司负责。邮政编码为：901001。

南极长城站邮局

南极长城站邮局是 1985 年 2 月 20 日（当地时间）成立于南极乔治王岛上的中国主题邮局。

1984 年 11 月 20 日，中国首次赴南极考察队从上海黄浦江畔国家海洋局东海分局码头开始了中华民族历史上首次远征南极航行，进行陆上和海上科学考察。1984 年 12 月 31 日 10 时（北京时间 1984 年 12 月 31 日 22 时），中国首次赴南极洲考察队在南极乔治王岛上，隆重举行了中国南极长城站的奠基典礼。1985 年 2 月 20 日上午（当地时间），南极长城站落成典礼在大雪纷飞中举行。同日，中国南极长城站邮局在长城站主楼门厅右侧第一间房正式开通。启用原邮电部邮政总局设计刻制的"中国南极长城站"地名日戳。

在中国首次赴南大洋和南极洲考察队即将出征的前夕，当时的邮电部委托上海市邮政局在"向阳红十号"考察船上举行隆重交接仪式，将落地戳、纪念戳两枚钢印及邮政袋、邮票等交给南极洲考察队队长郭琨。南极长城站邮局由首任南极长城站站长郭琨任局长，于文建、张京生两名科考队员兼职营业员。由于当时的邮电部规定南极长城站邮局归属上海市邮政局管理，同年 11 月，上海市邮政局的杨金炳赴南极上任，成为南极长城站邮局的正式局长。

南极长城站邮局由当时的上海市邮政局负责日常管理。南极长城站邮局运行后，启用"中国南极长城站"字样的邮政日戳，开办国内、国际平常航空信函、明信片和集邮业务。信函和集邮品一律按航空寄递，可以挂号，并与上海市邮政局直接互换航空邮件总包。邮件从冰天雪地的南极，由飞机经圣地亚哥、旧金山、东京到上海，再经由上海市邮政局递送全国各地。当时的信函资费标准为20克和20克以内的每件7元，20克以上每续重10克或其零数加收2.3元；明信片每件4.5元。集邮爱好者如果想收集相关邮品，可采取套封形式将邮品寄给南极长城站邮局，销票后寄回。但每封邮件须贴足邮资，对欠资的邮件不予办理。因南极地区气候特殊，邮件收寄截止日期为当年的2月1日，赶不上的只能等下一个冬天了。

南极长城站邮局还在南极洲发行了富有纪念意义的五万份邮资封，并受中国集邮出版社委托发行十万份纪念封。考察队员、船员以及其他协助考察人员中的集邮爱好者纷纷购买南极考察纪念信封，并请邮局人员加盖长城站邮局邮戳。为了认真做好集邮业务，他们在每件集邮品的邮票上都盖有上端为"中国"、下端为"南极长城站"、中间为"年、月、日"的圆形邮戳，外加盖圆形的纪念戳。

中国探月主题邮局

中国探月主题邮局成立于2014年元旦，是以中国首次探月内容为题材命名的主题邮局。

为更好地向社会公众提供以探月为主题的邮政服务，满足广大客户和集邮爱好者需求，北京邮政在北京天文馆内设置了中国探月主题邮局。从2014年1月1日起，至2014年12月31日止，启用"中国探月"邮政日戳。

2014 年元旦，《中国首次落月成功纪念》邮票特别发行首发式在京举行。邮票 1 套 2 枚，面值共 2.7 元，邮票内容分别为"嫦娥"三号着陆器和"玉兔"号月球车。同日，中国探月主题邮局正式揭牌。探月工程首任总指挥、原国家航天局局长栾恩杰院士受邀担任中国探月邮局名誉局长。

经中国邮政核准，中国工商银行和探月与航天工程中心联手，同步限量发行了《中国首次落月成功纪念》邮票仿印金银制品和探月火箭残骸仿印邮票制品。这是中国邮政集团公司为纪念"嫦娥"三号成功落月特别发行的。其中，探月火箭残骸仿印邮票制品采用中国唯一能够回收的探月元素——探月火箭残骸制造。它既记录了探月工程的成就，也通过回收物重新利用保护生态环境。探月火箭残骸仿印邮票是一个创举。

熊猫邮局

熊猫邮局是依托成都"熊猫之城"而建立的汇聚熊猫元素、成都元素、邮政元素的主题邮局。

熊猫邮局拥有全球唯一专用邮政编码 610088 及邮政日戳。编码数字除便于记忆外，"88"两个数字加入设计元素，生动地展现了熊猫憨态可掬的形象。

熊猫邮局以连锁经营渠道为核心，不断创新发展模式，加快线上线下布局，通过开展熊猫主题活动宣传和新媒体推广，推广"熊猫带您游成都"主题旅游模式，将熊猫元素传递至世界各地，不断提升熊猫邮局

图4　成都熊猫邮局

的品牌影响力和市场认知度。

线下的熊猫邮局旗舰实体店主要展示销售熊猫邮局的产品，如特色熊猫邮筒，同时具有文化展示、互动体验、产品销售、个性化打印等功能。例如，时光邮件、火漆印章、形式各异的纪念章戳、微信现场打印明信片、DIY邮折、表情贴纸、短语贴纸等多种产品满足了不同客户的参与感和个性化需求。另外，提供"熊猫邮局"日戳的现场加盖等增值服务。线上还可通过淘宝、微信平台，面向国内市场提供熊猫邮局产品的销售，实现在线购买明信片、DIY明信片、明信片代写等功能。例如，网友在线购买明信片，便能加盖"熊猫邮局"专用日戳。线上"熊猫邮局"还开到了国际B2C最大平台eBAY上，面向国际市场提供熊猫邮局产品的销售。

邮　筒

邮筒是邮政企业供用户投寄平常信件的专用设施。设在邮局营业厅外及公共场所，供公众投寄平常信函和明信片用，外形通常呈筒状。又称信筒。

1840年，英国邮政开始实行均一邮资制，并开始采用以邮票预付邮资的办法。因此，寄件人可以预购邮票备用，在寄送平常函件时自行按规定邮资贴足邮票，就近投入街道旁的邮筒，无须去邮局交寄。设置邮筒收寄平常函件的方法，简便易行，相继被各国采用。

邮筒外涂醒目的颜色，以便公众识别，并标有开取频次和时间，由邮政人员按时打开收取信件，送邮局集中处理。邮筒及所涂颜色，各国不尽相同。中国的邮筒为墨绿色。

由于邮筒起到了邮局收寄平常函件、方便公众的作用，所以它的数量也是衡量邮政服务水平的一个标志。

按照中国邮政行业标准《信筒 YZ/T 0067—2002》，信筒分为直方体型和圆柱体型两种体型。其构成主要由筒体、投信口、信筒门、门锁、底座等组成（图1、图2）。

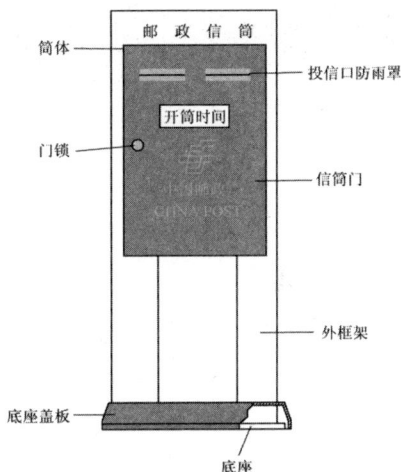

图1　直方体型邮筒结构示意图

邮筒筒体表面为绿色。直方体型邮筒门上设开筒时间标牌窗，顶部的前后两面居中喷印"邮政信筒"中文字样。颜色为绿色，字体为黑体。投信口上方分别喷印"本埠"和"外埠"中文字样，

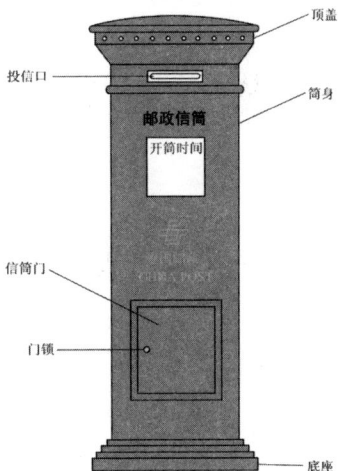

图2　圆柱体型邮筒结构示意图

字体为宋体，邮政徽标和文字颜色为黄色。圆柱体型邮筒在开筒时间标牌窗和装饰圈之间喷印"邮政信筒"中文字样，颜色为黄色。

邮政报刊亭

邮政报刊亭是设在公共场所带有邮政企业标识的以零售报刊为主的邮政设施。

一般位于城市街道旁，由邮政企业提供，所有权属于邮政企业。邮政报刊亭作为邮政的基础设施，为广大读者、群众提供报刊文化服务，使邮政报刊亭成为满足文化需求的文化亭。

随着数字媒体的迅速发展，纸质媒体受到强烈冲击，报刊零售业务迅速下滑，邮政报刊亭的经营举步维艰，面临着全面转型的挑战。首先是邮政报刊亭经营模式转型，由报刊亭承包经营模式转变为报刊亭经营权委托经营模式。通过公开招标、竞标，进一步明晰了邮政报刊亭的所有权与经营权，并强化了邮政企业对报刊亭的管理。报刊亭分布广，读者购买方便，有一定的生存优势，但报刊亭发展需要跟随时代脚步，调整和适应现代传播习惯。在报刊亭叠加便民服务的功能，使其成为"不过时"的文化符号。在人流聚集地段，如地铁口、公交港设置规范的报刊亭，在现有售卖书报刊的基础上增加代收水电煤气费和有线电视费等功能，提供"话费充值、充电充气、代缴电费、代售汽车票、免费无线上网、打印附近商户优惠信息、快件收取"等便民服务，成为便民服务亭。

图1　便民报刊亭

图2　严寒中的报刊亭

信报箱

信报箱是供用户接收信件、报刊和其他邮件的箱体。

分为单体信报箱和组群式信报箱两种类型。一般设置在居民小区单元楼门口、独栋住宅门口或设置在居民区内交通比较方便的空旷地带。

在老式多层楼的居民小区和平房区，单元门口空间狭小。因此，信报箱多为单体的，即一户一箱，挂在各家各户门口的墙体上，投递员从信报箱上方的开口处放入信件或报刊，信报箱下方为取信（报）口，并配有锁，用户自行开取，十分方便。

随着城市住宅小区的成片开发，高层成为居民住宅的主体，新开发的小区楼层高，住户数量多，投递员上楼投递不方便。为此，在每个单元一楼大厅门口均设置组群式信报箱，把本单元所有用户的信报箱集中安放（见图）。

若小区规模小、住户少，在每个单元内设置信报箱有困难的情况下，可在交通方便的空旷地带集中设置信报箱，形成了另一种形式的组群式信报箱。这类信报箱通常是把本小区所有住户的信报箱集中到一个地方设置。

还有一种邮政专用信箱，设在邮局内供用户租用，并自行开箱收取信件。1877 年，德国不来梅邮政最早提出在邮局内部为平常函件收件人设立邮政专用信箱的建议。大约在 1900 年以后，世界各国才普遍采纳这个建议。邮政专用信箱编有不同号码，并装有不同的箱锁，一般设在邮局营业厅内。寄给邮政专用信箱租用户的信件，封面上可以只写地名和用户信箱号码，投递的邮局收到这种信件后，将平常信件及时投入相应的邮政专用信箱。对于给据邮件只投入通知单，租用户凭单到邮局窗口领取。由于租用户可以随时自行开取，不受邮局投

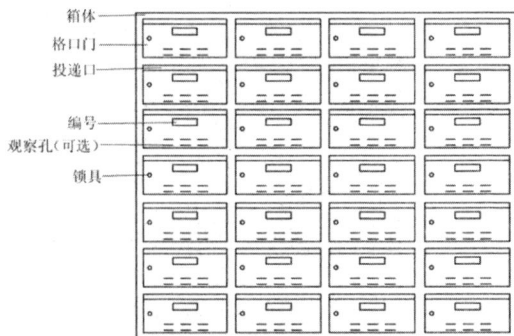

开口式普通单元组群式信报箱正立面图

递班次的限制。因此，可以提前收到信件。邮局对租用邮政专用信箱的用户负有严守秘密的责任，可满足用户希望保密的要求。

村邮站

村邮站是设在行政村（含农村社区）负责接收、转交邮件的固定场所。

基本功能包括邮件、报刊的接收、保管和转交。村邮站的场所一般由村民委员会提供，形式可为独立或与其他场所共用，工作场所面积原则上不少于 15 平方米。配备接转邮件必备的办公设施，包括用于分拣的办公桌椅、专用信报箱柜、载重自行车、专用投递包、挂号夹、标志牌和村邮员岗位职责、工作制度板等。配有规范的邮件接收、转交记录单册，相关单册由邮政企业提供。

村邮站门外需挂有村邮站名牌，标明村邮站服务时间、服务电话及投诉和申诉电话；在站内或站外明显位置张贴基本功能及各项营利性服务的收费标准等。

每周服务时间原则上不少于 5 天，每天服务时间根据当地实际需要，由村民委员会会商邮政管理部门、邮政企业确定。

遇到特殊情况暂停工作，应事先告知当地邮政企业和村民委员

村邮员在村邮站接收邮件和报纸

会，在村邮站张贴告示对外公告，并委托其他人员或采取措施保证服务不中断。

邮区中心局

邮区中心局指邮件传递过程中的集散中心，是邮区内邮件的处理中心和运输中心。邮政实物网的基本节点和邮件分拣封发单元。

邮区中心局是在实施邮区中心局体制的背景下出现的新概念，对集中到邮区中心局的进口、出口和转口邮件进行分拣处理再分发传递出去。

◆ 起源

20世纪70年代，随着信函等邮件业务量的迅猛增长，人工处理邮件的成本迅速上升，为了降低成本，美国邮政开始实施邮件处理机械化、自动化的改革，把信函、印刷品、包裹等邮件集中到一个处理中心进行自动分拣，从而大大提高了处理效率，降低了运营成本。90年代中期，中国邮政在全国划分若干个区域，把区域内的邮件通过支线邮路集中到邮件处理中心进自动分拣，而负责邮件分拣、封发和运输的生产单位就是邮区中心局。

◆ 分级

中国邮政按照邮区中心局在邮政实物网中的地位和作用，将邮区中心局分为三级。一级邮区中心局是全国干线网的重要节点，在全网中处于最重要的地位，均为各大经济区的交通运输中心和经济中心，是负责跨省（省际）邮件传递的集散中心和转运中心。

全国共有一级邮区中心局7个，分别是北京、沈阳、上海、广州、西安、成都、武汉。二级邮区中心局 68 个，二级邮区中心局是省内干线网的重要节点，在全省邮件运递过程中发挥重要作用，是省内邮件的集散中心和处理中心。三级邮区中心局 126 个，三级邮区中心局是邮区范围内的邮件集散中心。随着邮件量的增长，2001 年中国邮政对邮区中心局数目进行了调整，全国共设 201 个邮区中心局，其中，一级中心局 7 个，二级中心局 70 个，三级中心局 124 个。2012 年以后，中国邮政开始进军电子商务包裹市场，推出国内小包业务。2016 年，根据电商包裹流量流向特点，对二级邮区中心局进行了大幅度调整，调整后一级中心局 7 个，二级中心局 68 个，三级中心局 126 个。

◆ **基本功能**

①对邮区内集中到处理中心的各类邮件进行分拣封发。②对其他邮区中心局发来的邮件进行处理和经转。③负责检查邮区内各邮政局所出口邮件的规格和质量。④负责组织邮区中心局与邮区内各邮政支局（所）的邮路，承担邮区内的邮件运输任务。⑤负责邮区内生产作业的指挥调度工作。⑥负责业务档案和容器的管理。

以邮区中心局为基本封发单元和网路组织的基本节点，在此基础上组成分层次的邮政网，是用以传递邮件的一种邮政通信组织制度和方式。它与传统体制最大的区别是邮件分拣封发单元由县市局改为邮区中心局。在邮区中心局体制下，邮政网的层级很清晰。按邮政网的联系范围分为全国干线网、省内干线网和邮区网三级。

◆ **发展沿革**

20 世纪 70 年代中期，美国等发达国家就已经推行了邮区中心局体制。中国在 70 年代末为推行邮政编码做准备，对全国划分邮区，制定了邮政编码的原则，并组织实施，以此为基础提出建设邮区中心局，但局限于当时的历史条件，对邮区中心局体制从概念到内涵，从原则到实施的可能性都没有一致的认识。80 年代中期后，邮政业务迅猛发展，原有以县市局作为基本封发单元的体制越来越不适应实际生产的需要，改革邮政网路体制，明确邮政网的结构层次，成为急需解决的问题。为此，原邮电部组织专家对"关于邮区中心局体制的研究"这一课题进行研究，并于 1991 年由原邮电部评审通过。1992 年，在全国邮政工作会议上原邮电部部长杨泰芳首次宣布中国要实行邮区中心局体制。1994年，原邮电部下发了 582 号文《关于印发〈中国邮政通信网组织原则与要点〉的通知》，对邮区中心局体制的概念内涵等理论做了明确的界定，为推行邮区中心局体制奠定了理论基础。1995 年，原邮电部又下发 884号文《关于邮政通信网发展战略规划的若干意见》，提出了中国从"九五"计划到 2010 年的总体发展目标是："围绕实施邮区中心局体制这个中心，以邮区中心局体制确定的三个层次所需装备的完善配套为重点，加速提高信息处理网络化，内部处理自动化，搬运装卸机械化，营业窗口电子化水平。"1997 年，原邮电部又下发了 575 号文《关于印发进一步加快实施邮区中心局体制若干意见的通知》，提出了实施邮区中心局体制的具体建议和实施进度。1998 年，正式要求按照邮区中心局体制运作，全国确定了 236 个邮区中心局。2000 年，进行邮政网路管理体制的改革，省会邮区中心局与省会市邮政分公司分离，成为省邮政分公司直属的负责邮件封发和运输的邮政生产单位。非省会二级邮区中心局由所在地邮政分公司直接管理，设立相对独立的生产单位，在财务上实行单独列账、单独核算。三级邮区中心局由所在地市邮政分公司直接管理，负责各类实物传递类邮件业务的处理运输。

实施邮区中心局体制是邮政业务和邮政技术发展的必然结果。在全国划分邮区并编码；在邮区内设邮区中心局；以邮区中心局为基本封发单元和网路组织中心，组成全国干线网、省内干线网和邮区网等三级网路；在三级邮政网中，各邮区中心局之间由一级干线邮路和二级干线邮路沟通，邮区内通信，由邮区中心局通过支线邮路直接向本邮区各收、投点运邮或经本邮区内县（市）局接力运邮，使邮区中心局成为邮件的集散中心；建立一套与网路体制相适应的管理体系和运行机制，以保证全网的有效运行。

邮政编码

邮政编码是由阿拉伯数字组成，代表投递邮件的投递局的一种专用代号。是该投递局投递范围内的居民和单位通信的代号。

邮政编码是实现邮件机器分拣的邮政通信专用代号，是实现邮政现代化的必需工具，最终目的是使邮件在传递过程中提高速度和准确性。因此，在交寄信件、包裹等邮件时务必写明邮政编码。实施邮政编码制度是为了实现邮件分拣自动化和邮政网络数字化，加快邮件传递速度。它已成为衡量一个国家通信技术和邮政服务水平的标准之一。截至 21 世纪 10 年代，世界上已有 140 多个国家先后实行了邮政编码制度，并以此作为衡量一个国家通信技术和邮政服务水平的标准之一。各国邮政编码规则并不统一。

◆ 起源

1959 年，英国首先在局部地区试用邮政编码。1961 年，联邦德国在全国范围内使用邮政编码。此后，澳大利亚、美国、法国、瑞士、民主德国、日本、苏联、印度等国相继使用。20 世纪 80 年代初，已有 40 多个国家和地区使用邮政编码。中国从 1980 年 7 月 1 日开始在全国范围内试行。

◆ 形式

邮政编码有 3 种形式：

①摘录编码。从地名中摘录出几个字母作为邮局代号。

②数字编码。用阿拉伯数字编定邮局的代号。大多数国家均使用数字编码。一般把全国划分为若干个邮政区域，每个区域都用固定的数码表示。如美国自 1963 年实行的 5 位数编码，第 1 位数代表大邮区，第 2、3 位数代表从属于大邮区的中等邮区，第 4、5 位数代表中等邮区内的邮局投递区。自 1982 年起美国又将 5 位数扩展到 9 位数，把信件直接分拣到投递段或大宗收件户。

③混合编码。用地名缩写字加阿拉伯数字混合编定邮局代号。英国使用这种混合编码，其形式是前两位和后两位用英文字母，中间两位用数字。如"WF28RD"编码，表示韦克菲尔德（Wakefield）邮区、第 2 分区、第 8 投递局、RD 投递段。

◆ "四级六码"制

使用 6 位阿拉伯数字，分 4 级组成邮政编码，简称"四级六码"

制。中国的邮政编码就是采用"四级六码"制的方式进行编码。其中，第1、2位数表示省（自治区、直辖市），前3位数代表省内的邮区，前4位数表示邮区内的县（市），第

2008 年北京奥运会专用邮政编码"102008"

5、6位数表示投递局。例如，石家庄邮电职业技术学院的邮政编码是050021。最前面的两位数字05代表的是河北省；前3位050代表的是石家庄邮区；前4位0500代表的是石家市；第5、6位21代表的是石家庄市放射路投递局。

邮　路

邮路是邮政企业利用火车、汽车、飞机和轮船等各种运输工具运输邮件的路线。在邮政实物网各类节点之间按照规定的频次、时间运输邮件。各种邮路相互贯通组成邮政运输系统，完成运输邮件的任务。

◆ **历史沿革**

古代邮驿有驿道，邮件运输靠人力和车马。近代邮路是根据交通线路进行规划的，邮件运输主要靠火车、汽车、飞机和轮船等。1830年，英国首先利用铁路运输邮件。1903年，德国开始用汽车运输邮件。1918年，在伦敦和巴黎间开始有定期邮政航班飞行。1912年，中华民国时期，中国也开始使用飞机运输邮件。中华人民共和国成立后，中国

邮政邮件的长途运输主要依靠火车,短途运输主要依靠汽车。改革开放后,邮件业务量逐年增加,特别是20世纪90年代后,随着快递邮件业务量的迅猛增长,快递邮件时限要求快,服务品质要求高,而单纯依靠民航部门的飞机运输快递邮件已经远远不能满足快递业务发展的需要。因此,原邮电部邮政总局决定成立中国邮政航空有限责任公司,开始了中华人民共和国成立后利用自办的航空邮路进行快递邮件运输的新篇章。

中国邮政航空有限责任公司于1995年11月25日成立,1997年2月27日正式投入运营,是国内专营特快邮件和货物运输的航空公司。企业标识为EMS(邮政特快专递业务),体现了立体、全方位的快速运输目标,寓意真诚服务社会和对速度、安全的追求。

◆ 分级

根据管理权限不同,邮路分为一级干线邮路、二级干线邮路及邮区内邮路(包括市内邮路和县内邮路)。

一级干线邮路由中国邮政集团公司负责管理,是在一级邮区中心局之间、省际之间、一级邮区中心局到二级邮区中心局之间以及二级邮区中心局之间运输邮件的邮路,省会一、二级邮区中心局或主要国际邮件互换局到相应的主要国际邮件交换站之间运输邮件的邮路以及中国邮政集团公司指定的邮路。

二级干线邮路由省邮政分公司负责管理,是在省内各级邮区中心局之间运输邮件的邮路。此外,还包括中国邮政集团公司指定的相邻省际二级和三级邮区中心局之间运输邮件的邮路,以及省邮政分公司指定的跨地市运输邮件的邮路。

邮区内邮路由邮区中心局负责管理，在邮区中心局至邮区内各县（市）局和各收投点之间运输邮件的邮路。市内邮路和县内邮路是邮区内邮路的重要组成部分。市内邮路是指市邮政分公司与其分支机构或与车站、码头、机场等地的转运部门和报刊社之间的邮路。县内邮路是指县邮政分公司与其所属的农村支局、农村支局之间以及农村支局到村委会代投点之间的邮路。

◆　**分类**

按经营性质，邮路分为自办邮路和委办邮路。自办邮路是指邮政部门自备或租用运输工具，由邮政部门自行办理邮政运输业务所形成的运输邮件、报刊的邮路。委办邮路是指邮政部门与其他部门或个人签订合同并使用他们的运输工具及委托其将邮件运至某地邮局的邮路。

按运输工具，邮路分为航空邮路、铁道邮路、汽车邮路、水运邮路、摩托车及其他机动车邮路、非机动运输工具和旱班邮路。

航空邮路是指利用飞机运输邮件的邮路。分为利用民航部门的飞机运输邮件的委办航空邮路和利用中国邮政航空有限责任公司的飞机运输邮件的自办航空邮路。

铁道邮路是指利用火车运输邮件的邮路。将邮政自备的火车邮厢挂在客运列车上或租用铁路行李车和用集装箱运邮。

汽车邮路是指利用汽车运输邮件的邮路。汽车邮路包括由邮政部门自办的汽车邮路和委托交通运输部门代运的委办汽车邮路。

水运邮路是指利用机动船或非机动水上运输工具运输邮件的邮路。

摩托车及其他机动车邮路是指利用摩托车或机动脚踏两用车以及其

他机动工具运输邮件的邮路。

非机动运输工具和旱班邮路是指利用自行车、人力以及各种人力推拉车运输邮件的邮路。旱班邮路包括步班邮路、自行车邮路、畜力班邮路等。

雪线邮路

投递道段

投递道段是指投递员负责投递邮件的范围。

一个标准的投递段，就是投递员的工作定额。为了便于划分责任，熟悉投递情况，每个投递段原则上配备一个投递员。在一个投递区内，一般应设置若干个投递段来完成本投递区域的邮件、报刊投递任务。

◆ **组划原则**

传统上投递段的组划，一个投递区只有一种方案，一经划定，一个投递段即配备一名投递员。投递员按固定的频次、时限负责本投递段的邮件投递工作。由于各频次邮件业务量的不均衡，各频次投递工作任务

邮递员在投递道段上工作

也很不平均。造成投递员的工作负荷和载重负荷都严重超标。因此，投递道段的组划可以根据邮件业务量和生产实际情况，设计几种预备方案。邮件业务量小的频次，按投递道段的范围可以相对大一些，储存一些劳动力以备业务量大时使用，同时保证工作量饱满，提高工时利用率。报刊邮件集中的频次，投递道段范围可以相对小一些，保证投递员的精力和体力分配均匀，以便争取时间，使读者早见报，提高邮政投递的竞争优势和服务质量。

◆ **组划要求**

划分投递段的基本要求有：①使各投递段的工作负荷基本平衡，避免劳逸不均。②投递段的起点，应尽可能从靠近投递局的地方划起，力求减少上段的无效行程。③投递段与段之间界限清楚，避免犬牙交错，互相跨越。④投递员每班都能在规定的作业时间内，将邮件报刊投送完毕。

如果投递段机关单位较多，业务量较大，而影响投递效率和投递安全时，还可以组织机关大户专段。大户投递段就是专为投递业务大户划定的投递区域范围。

在一个投递区内，对业务量很大的单位和个人，如不单独划段，就会使相关的投递段负荷过大，邮件不安全，而且投递费时，难以在规定时限内完成。将这些业务大户单独划成大户投递段，既解决了上述问题，又可加快这些大户的邮件投递速度，保证重点大户能尽快收到邮件。因大户段的投递负荷大，通常使用机动车辆进行投递。既加快了邮件的传递速度，又改善了职工的劳动条件，减轻了劳动强度。

国际邮件互换局／交换站

国际邮件互换局是与境外邮政机构有直接封发和接收邮件总包关系的邮局。其任务是向境外邮政机构封发邮件总包和接收、开拆、处理境外邮政机构发来的邮件总包，并兼有经转局和设关局的业务功能。

◆ 国际邮件互换局

职责作用

互换局作为国际邮政通信网路组织中的重要环节，担负着国际邮件进出口的集散重任，是国家（地区）之间互换邮件的具体实施单位，一般分为航空总包国际邮件互换局和水陆路总包国际邮件互换局。

国际邮件互换局的职责：①负责国际邮件总包的计划封发和发运工作，向指定国家（地区）国际邮件互换局封发各类邮件总包。②接收、开拆各类进出口国际邮件总包，处理进口和散寄经转邮件。③通过缮发验单或公函与境外国际邮件互换局进行业务联系。④根据邮件量变化，

中国义乌国际邮件互换局

及时调整总包封发关系，同时向散寄邮件原寄国家（地区）提出应向邮件寄达国家（地区）直封总包的建议。⑤参与国际账务计算，负责统计终端费和散寄航空函件量，将各项原始数据和相关资料及时、准确地传送账务结算中心。

设立与取消

由中国邮政集团公司审定，各省邮政分公司可以根据实际情况，提出增设或者关闭国际邮件互换局的建议。互换局的设立与取消，由当地国际业务量、交通便利程度、海关驻局办事处的设立及场地、人员和设备的配置等多项因素决定。

◆ 国际邮件交换站

负责与境外邮政机构或受委托的运输机构进行国际邮件总包交换的部门。国际邮件交换站的主要任务是根据国际航班、车次和海运班期及其进出口港时间，直接接收和发运各类国际进出口总包和过境邮件总包。

职责作用

国际邮件交换站的职责：①负责接收和发运邮件总包，在接收、装卸和转运国际邮件总包时，需要在海关监管下进行，但不得开拆和封发国际邮件总包。②对于袋皮破损、袋牌脱落、袋绳封志等发生异常情况的邮件总包，交换站应会同海关、运输部门对邮件总包进行检查，并重新进行封袋后发出，应将查验情况以验单形式通知原寄国际邮件互换局、寄达互换局和经转互换局。③遇到航班停飞、运力不足等情况无法按指定航班、车次和海运班期发运邮件总包时，国际邮件交换站应及时进行调整，并对相关路单、袋牌做相应修改，并用更改通知单将有关情况通知总包原寄国际邮件互换局。④发生邮件总包积压情况时，交换站应负责查明原因和责任，并与运输部门交涉和清运。

设立与取消

由中国邮政集团公司决定国际邮件交换站的设立与取消。

设关局

设关局是指设有海关驻邮局办事处的邮政机构。其任务是将内装应受海关监管物品的进出口和转口邮件以及进出口和过境邮袋提交海关验关查验放行。

设关局的设置及其监管范围由海关总署和中国邮政集团公司联合审定。海关驻邮局办事处可以在当地邮局营业部门设立派出机构，与客户当面办理邮件验关手续，这类营业窗口称为"验关窗口"。

设关局的工作任务与要求如下：①收寄应受海关监管的邮件，应提示寄件人按要求如实、准确、详细地填写报关单，需要时随附相关证明文件，要求使用英文、法文或寄达国通晓文字并另加中文填写报关单。

②邮局收寄人员应对报关单或者面单上报关项目的填写严格把关，发现明显不符、漏填等问题应要求寄件人修改、补充或换单重填。收寄部门应加强对收寄物品内件性质和数量的检查，不能在明知寄件人为避税闯关而违报、瞒报情况下仍然收寄。③在验关窗口收寄邮件，应请寄件人办理海关验放手续，并验视邮件或报关文件上是否盖有海关验讫章。非验关窗口收寄此类邮件时，应验视邮件内有无装寄禁寄或超出限量寄递的物品。

邮件处理场所

邮件处理场所是邮政企业对邮件进行操作处理的活动场地。可以分为邮件分拣、封发作业处理场所和邮件投递作业处理场所。承担邮件分拣、封发作业的场所一般设在邮件处理中心，承担邮件投递作业处理的场所一般设在投递局。

◆ 邮件分拣、封发作业场所

主要包括邮件的分拣、封发、运输以及邮件信息处理等。根据邮件处理中心的级别不同，邮件处理场所规模也不尽相同，一般作为邮区中心局的邮件处理中心的邮件处理场所，规模较大，如上海浦东邮区中心局邮件处理中心的邮件处理场所面积有 4.8 万平方米。

作为邮件处理中心的邮件处理场所的布局、邮件处理设备的配备，应充分依据进出口邮件业务类别和业务量、进出车辆的便利、邮件停留时间规定等因素而决定（图 1）。一般作为邮区中心局的邮件处理中心的邮件处理场所会配备大规模的包件分拣机、推挂输送机、速递扁平件分拣机、国际分拣机、海关监管线等各类大型的分拣设备和传输设备，实现了邮件分拣机械化、自动化和生产信息处理系统的网络化（图2）。

图1　中国邮政集团公司河南省内黄县分公司
邮件处理中心

图2　西安邮区中心局邮件处理中心

◆ 邮件投递作业场所

投递局的邮件处理场所规模较小，作业工序主要包括接收、开拆、过戳、按段分拣、排信、扫描录入信息，以及出班投递和回局交班等。

邮件处理场所要注重定置定位管理，并要求配备消防设施、监控设备等。

本书编著者名单

编著者 （按姓氏笔画排列）

马　记　　王为民　　方　玺　　刘佳维

刘建辉　　李毅民　　张洪芬　　张梅丽

陈军须　　林　轩　　周晓燕　　姜广信

郭冬芬